Los Españoles

Luis Baylón

RM

Andrés Barba Bernard Plossu

En lo bueno y en lo malo

Bernard Plossu

En 1993 se celebraron en Madrid una serie de conferencias muy formales sobre fotografía. Llega mi turno y así, de repente, un rockero se levanta y dice sobre mí: "¡Usted no entiende nada, esto es poesía!" Era Luis Baylón. Desde entonces, ya no nos hemos separado. Fue el apogeo del Canto de la Tripulación de su amigo García-Alix. Esto siempre suele ocurrir en España, como en los años setenta con *Nueva Lente*, la revista de la revuelta.

Al vivir muchos años en España, solíamos encontrarnos en Madrid. Cuando me bajaba del tren de noche, él siempre venía a recogerme al amanecer en la estación de Chamartín y venga, nos íbamos directos a hacer fotos y a pasear durante días enteros por las calles de "su" ciudad. Yo ya sabía cómo eran las suyas, y él ya sabía cómo eran las mías. Nos divertíamos.

Luego conoció a Françoise, mi mujer, la fotógrafa Françoise Nuñez, y con ella también pasó a ser en lo bueno y en lo malo. Nuestro hermano. Y nos dimos cuenta de que Luis era en realidad un fotógrafo "flamenco". Le llamábamos "el Camarón de la fotografía", por lo mucho que sus fotos nos recordaban a la belleza salvaje de ese gran cantante. Baylón gitano, flamenco.

A menudo hablábamos de pintura, era un hombre muy cultivado. Para mí, Baylón es Soutine, es Jules Pascin, es el expresionismo en estado puro. Goya también tiene mucho en común con los pintores de la expresión. Weegee y Lisette Model, también. Era el Diane

Arbus europeo, ¡eso seguro! El mismo lenguaje, la misma intransigencia, pero también mucho, mucho humor: ¡sus fotos de perros y gatos eran tan tiernas!

Una vez, paseando por una gran playa de Valencia, desapareció; lo encontré a lo lejos, sentado, hablando con una gaviota herida que no podía volar: qué gran corazón. Se quedó con ella. Porque a todas esas personas, a menudo marginadas, que él fotografiaba tan bien, las quería, y ellas lo notaban y confiaban en él. Lo vi con mis propios ojos. No era un voyeur persiguiendo el drama, sino un testigo de la vida de la gente de su tierra. Al margen de la moda, ajeno a las tendencias, sin intención de complacer. Continuamos fotografiando juntos, en Valencia, en Oporto y en Marsella, donde llegó gracias a una beca de La Non-Maison.

Y se hizo realidad un auténtico sueño: conocer a mi otro hermano, el fotógrafo australiano Max Pam, ¡un hippy empedernido! Fue en 2001 en Madrid, y fuimos a saludar a Marc Riboud.

Y luego, aún más genial, un reencuentro en 2014 en la plaza Voltaire, en Arles, con Max y Françoise: al verlos allí, a los tres, supe que estaba sacando la foto más importante de mi vida. Françoise y Luis ya nos dejaron, pero siguen ahí, presentes, sin duda alguna, para siempre…

Bernard Plossu *Luis Baylón*, Madrid, 1990

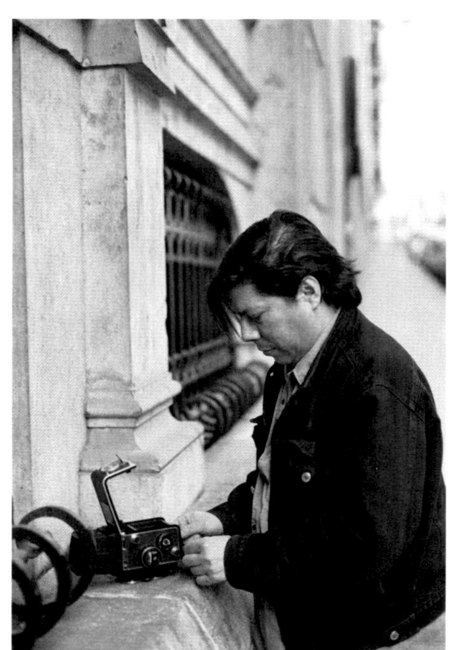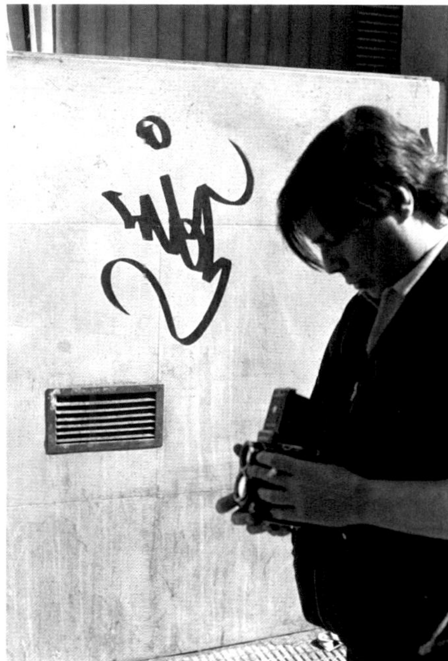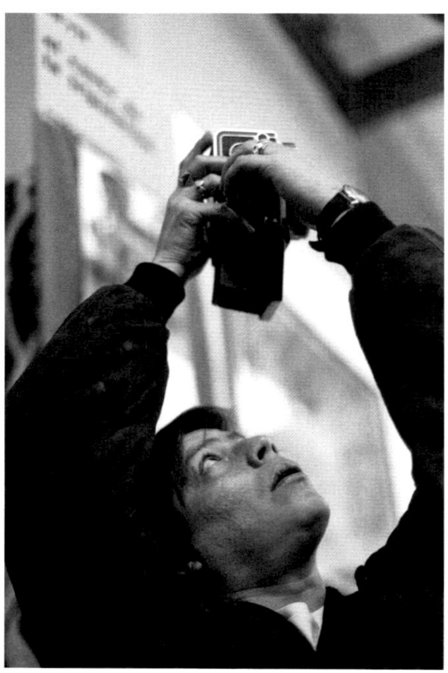

Los Españoles

Andrés Barba

Tal vez se podría dividir a los fotógrafos en dos categorías básicas: los que por encima de todo aman lo que fotografían y los que más que nada aman su talento para fotografiar, los primeros están enamorados del mundo; los segundos, de su don. En ocasiones sus fotografías pueden llegar a parecerse, (al fin y al cabo los dos aman hacer buenas fotografías) pero los primeros mantienen eso que Sontag llamaba el consustancial "amateurismo" de la fotografía, esa especie de liviandad, de asombro, viven al borde del accidente, les gusta más la calle que el estudio, no tienen trucos, pero sí fijaciones, no se dejan ver demasiado, siempre parecen estar buscando algo, asomados aquí y allá, su actitud es más cercana a la de un niño que juega que a la de un profesional que cumple, no pueden estar sin divertirse, cambian de tercio, se arriesgan a romperlo todo, prefieren ser sorprendidos a sorprender, prefieren ser seducidos a seducir, son deslenguados, esquivos, anárquicos, suicidas a ratos, gestionan mal sus compromisos sociales, en el desfile imperial gritan que el emperador está desnudo y a veces les expulsan del reino, son irrenunciables, caprichosos, frontales, pero también auténticos, tercos y leales en sus afectos. Cuando trato de pensar en esos fotógrafos el primer nombre que me viene a la cabeza es el de Luis Baylón, y cuando me piden una prueba, lo primero que se me ocurre es la forma en la que Baylón se pasó la vida fotografiando gatos callejeros, no tanto por el afán de hacer una buena fotografía (que también), sino sobre todo movido por el deseo de jugar, de perpetuar algo cuya belleza y gracia le parecían eternamente memorables, y cuya ejecución no conocía descanso ni cansancio, porque un gato callejero es siempre un gato nuevo, el primer gato de entre todos los gatos, habitante sospechoso y dueño de la ciudad, príncipe y lumpen, y porque lo que amamos siempre tiene para nosotros la categoría del misterio.

A diferencia de los libros que publicó en vida —libros ideados con un propósito claro, con temáticas definidas y narrativas meticulosamente diseñadas— este libro "impone" a Luis Baylón un tema que nunca estuvo explicitado en su obra, a pesar de cruzarla transversalmente: *los españoles*. Más que Baylón en busca de un libro, este es un libro en busca de Baylón. Un libro, además, que ha ido en su busca después de su muerte. No es un dato menor. Pertenece también a una ilustre estirpe, la que instauró Robert Frank en 1958 con *Los americanos*, y a la que siguieron *Los ingleses* de Martin Parr y Cartier-Bresson y *Los italianos* de Bruno Barbey. Siento no haber visto la cara de Baylón al saber que iba a estar en esta compañía, pero me la puedo imaginar. Y también su orgullo. Imagino las fotos con las que habría querido completar tal o cual aspecto, las vueltas que le habría dado a su orden. A veces los honores nos buscan cuando ya no estamos para recibirlos, pero la justicia poética de la Historia no es la misma que la de los humanos. Sea como sea, este primer libro internacional de Baylón, si bien llega tarde, no por eso es menos bienvenido y celebrado por quienes lo admiramos siempre, pone en escena a quien ya era por méritos propios un fotógrafo de culto asociado a la generación de "La Movida" madrileña (pero siempre un *outsider* natural) y lo acerca a un gran público que, estoy seguro, empezará a buscarlo a partir de ahora como el grande que fue.

Hay, por otra parte, muchas formas de aproximarse a "lo español", casi todas inconducentes y sospechosas. No hay ni un solo español que no se ponga instantáneamente a la defensiva o a la agresiva cuando oye hablar de España. Sólo en momentos particularmente orgiásticos, como ganar una copa del mundo de fútbol, se produce el milagro y esa bandera roja y gualda deja de ser un arma arrojadiza y se convierte en una fiesta sin sombra. No parece que eso vaya a cambiar, al menos de momento. Por eso, quizá una de las preguntas que haya que responder aquí, sea de qué hablamos cuando hablamos de España, o de los españoles, en un libro de fotografía de Luis Baylón.

Lo primero, es necesario desactivar la malicia y la sospecha. Cambiar ese parámetro esencialmente negativo, por otro propositivo. La motivación esencial que produjo todas estas maravillosas fotografías, no fue un afán costumbrista, ni de taxonomía nacional, ni de exaltación de una identidad por encima de otras, ni mucho menos de "desenmascaramiento", sino de amor, de fascinación. El fotógrafo que estaba detrás de la *Rolleiflex*, amaba lo que estaba fotografiando, y por eso fue capaz de destilar su esencia compartida. Hay algo de lo que carecen absolutamente estas fotografías y eso es ironía y violencia. Es importante señalarlo aquí porque casi no hay un discurso identitario o político relacionado con lo español que no sea directa o indirectamente irónico o violento. Estas fotografías son lo opuesto de ese discurso.

Como la mayoría de la gente vital y franca, Baylón era poco dado dejarse seducir por abstracciones y estaba más que dispuesto a dejarse seducir por las personas. Se daba el caso de que esas personas eran españolas —y a veces *muy españolas*— por eso con los años su catálogo se acabó convirtiendo también en una galería de variaciones de una identidad, una encarnación del *gheist* colectivo: la tía buena, el borracho, la niña, el mirón, la señora, el macarra... pero también los gatos, y los perros, y los árboles, porque también los gatos y los perros y los árboles pueden ser españoles y a veces muy españoles. Creo, por ejemplo, que hay una gran tradición esencialmente española que conecta las fotografías de niños y borrachos de Baylón con aquellos borrachos y bufones de Velázquez, una línea de ternura esencial, de gran dignidad, porque la dignidad es uno de los grandes temas de lo español. En su versión negativa esa dignidad se convierte muchas veces en grandilocuencia, pomposidad y altanería, sin duda nuestros peores defectos nacionales, pero en su versión positiva esa dignidad es como las fotografías de Baylón, ayuda a vivir, otorga un lugar en el mundo, nos hace garantes de un respeto.

Más que la España que nos gustaría ser, estas fotos revelan muchas veces la España que somos. La España callejera, y esa es otra cuestión que es importante señalar aquí. Luis Baylón fue esencialmente un fotógrafo de calle o —como solía decir él— "de luz natural". Y si hay algo que saben los fotógrafos de calle es que no hay identidad más indudable que la que se manifiesta a pleno sol. Baylón me enseñó, por ejemplo, que el tema del doble, que en todos nuestros vecinos europeos habría podido tener una formulación siniestra, en España era casi siempre cómico. Todas esas personas vestidas igual o casi igual, manifiestan otro rasgo españolísimo, el deseo de mimetizarse, de no destacar, su identidad es precisamente la disolución en otra identidad. El español siempre está intentando borrarse. Pero no hay nada simple, porque esa misma identidad mimética produce a veces breves y fulgurantes estallidos de afirmación estentórea, de levantamiento, y hasta de rebelión y excentricidad, como también se ve en estas fotos.

Hay muchos rasgos españolísimos que se aprecian bien en Baylón: hasta qué punto el bar es nuestra cueva, nuestra fascinación por los viejos y las viejas, el humor constante, el gregarismo, la soledad... Hay un punto de fuga de los retratos de los viejos en Baylón que arranca en Goya, Ribera y Gutiérrez Solana y que está clavado en el centro de nuestra identidad. También esa especie de tristeza sorda, española, porque lo de la alegría española es la mentira mejor contada. Nos creemos alegres, pero solo porque somos fiesteros, lo que es muy distinto. Esa tristeza o melancolía de fondo, se ve también aquí. Por otro lado, si hay algo que caracteriza a estas imágenes, es su enorme liviandad. Casi se puede respirar el aire español, seco, el de invierno y el de verano, las ganas de burlarse de todo, las ganas de beber, miro estas fotos y siento el Madrid con el que tantas veces paseé con Baylón.

No tengo un solo recuerdo con Baylón en el que no me esté riendo, en el que no estemos disfrutando la vida. Como en muchas de estas fotos, la banda sonora de esas imágenes es también el ruido del bar, el humo del cigarrillo y detrás de todo, esa eterna sonrisa de gato callejero que tenía Luis. Hay un autorretrato suyo que me fascina, está tirado sobre la calle madrileña y sonríe a la cámara mientras de su cabeza emerge la sombra pintada de un gato negro. A ratos me da por pensar que está todo concentrado ahí, en esa cabeza que hace de la calle su almohada y que sonríe, que esa foto es como uno de esos milagros o destilaciones en los que la vida nos resume a un nivel subatómico para dejar, a los que quisimos, un recuerdo veraz, uno de esos recuerdos de los que, a continuación, se puede tirar, como los hilos dorados de las fábulas. A ratos miro esa foto y siento también algo más, que esa foto es una lección, algo que Baylón sacó en claro tras muchos años de vida, de dolor, de amor a la fotografía: la lección de que el único talento que merece la pena es el talento para la vida. Y entonces pienso que de eso se trata. Que tal vez sea esa, por encima de todas, la lección del maestro.

Autorretrato con gato, Madrid, 2004

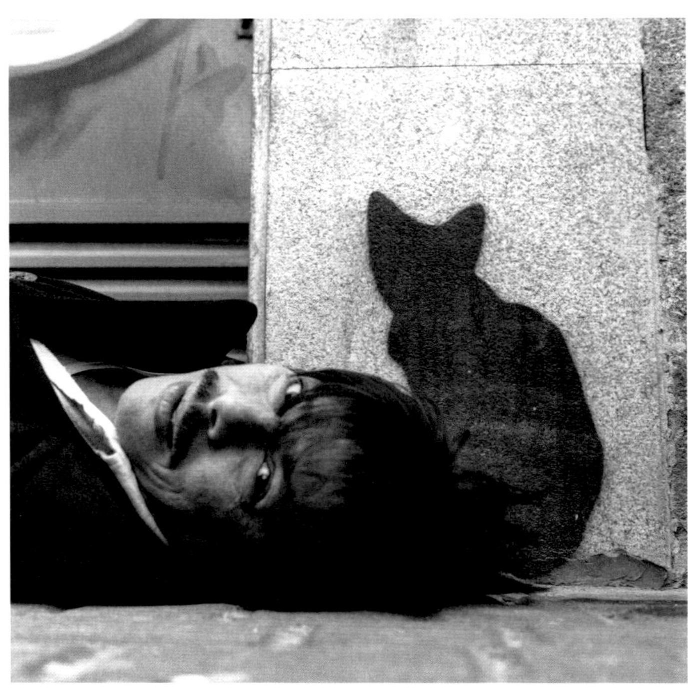

Los Españoles

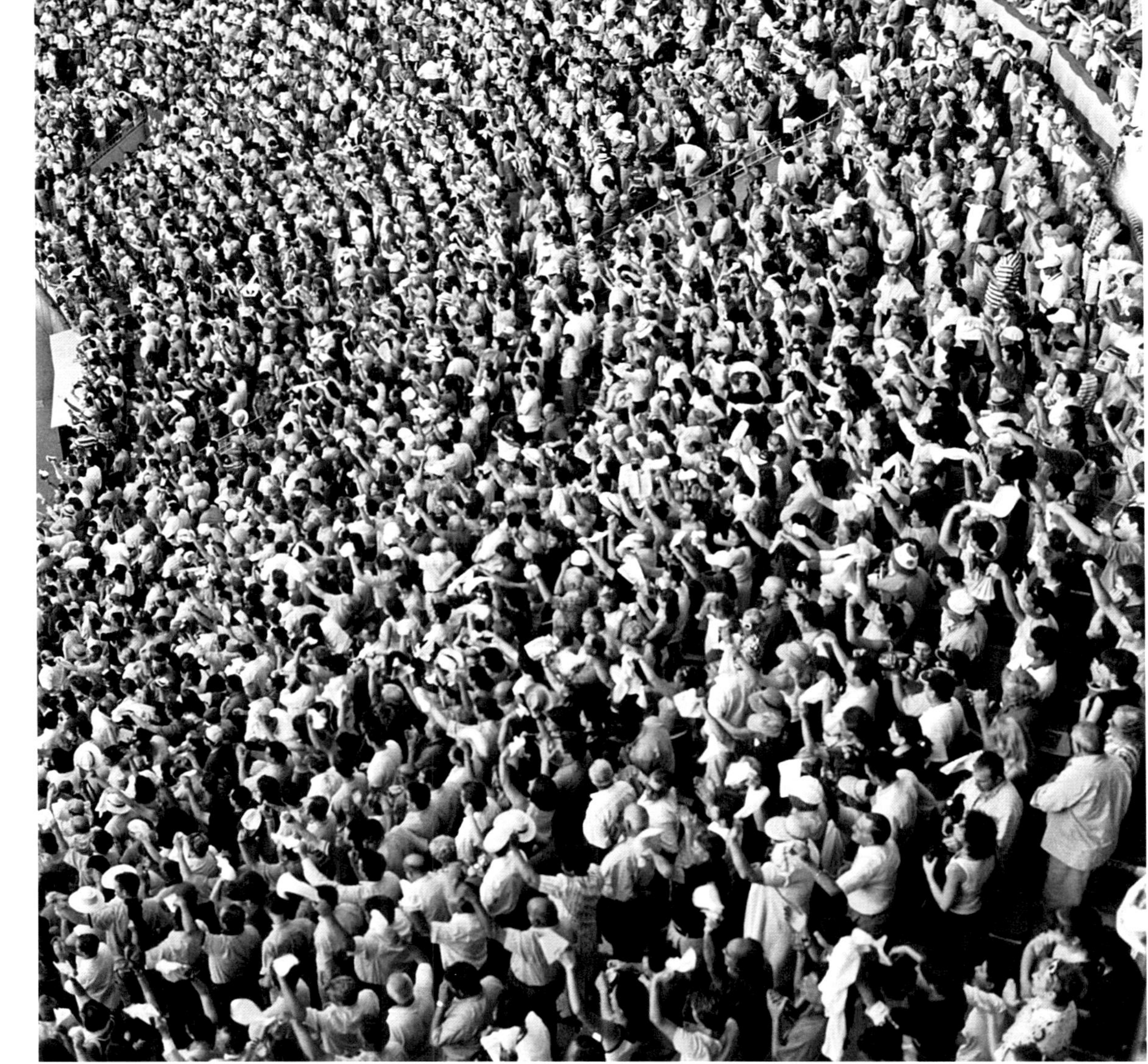

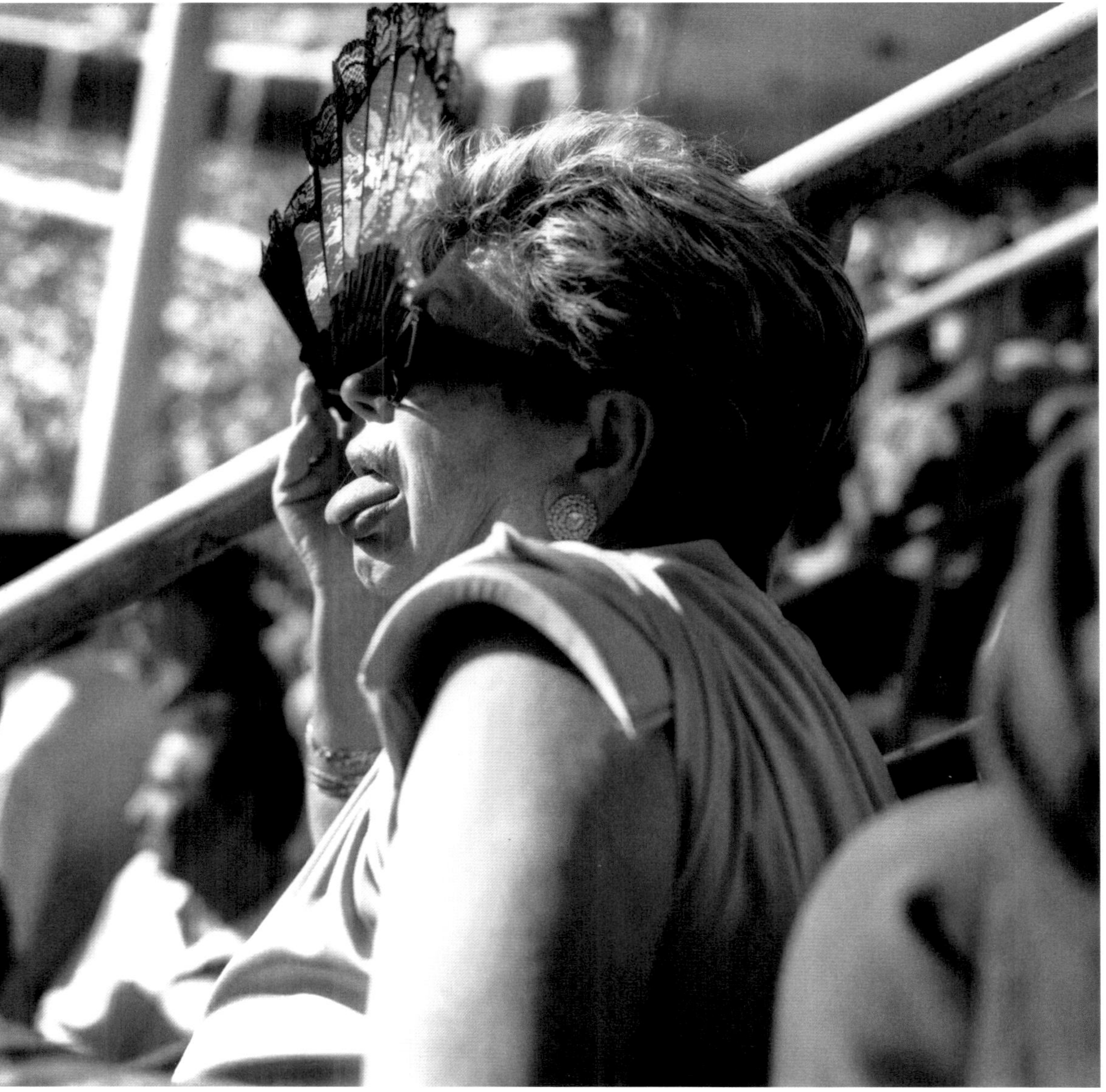

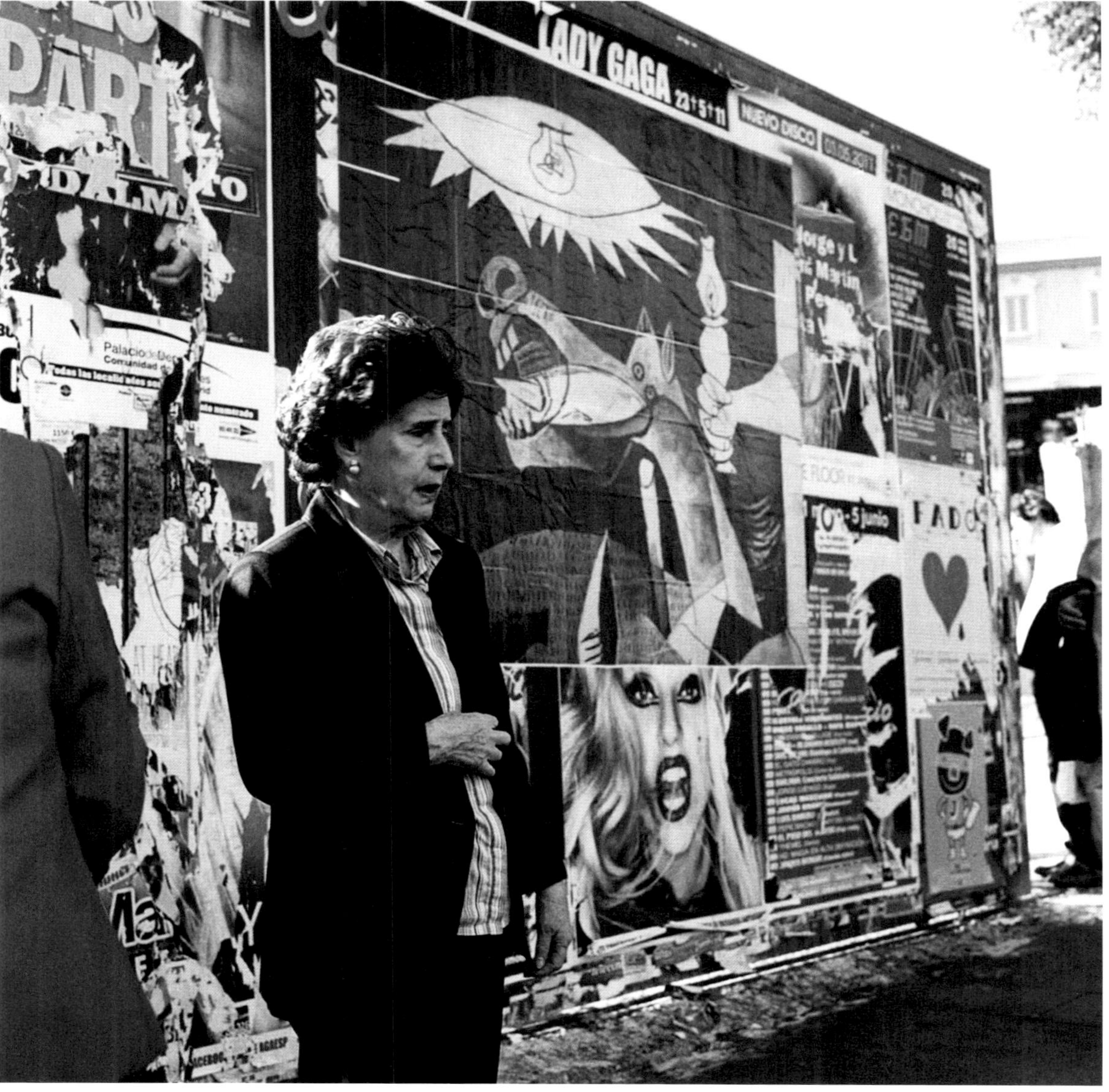
PART
LADY GAGA 22†5†11
NUEVO DISCO
Jorge y L.
FADO

mentira

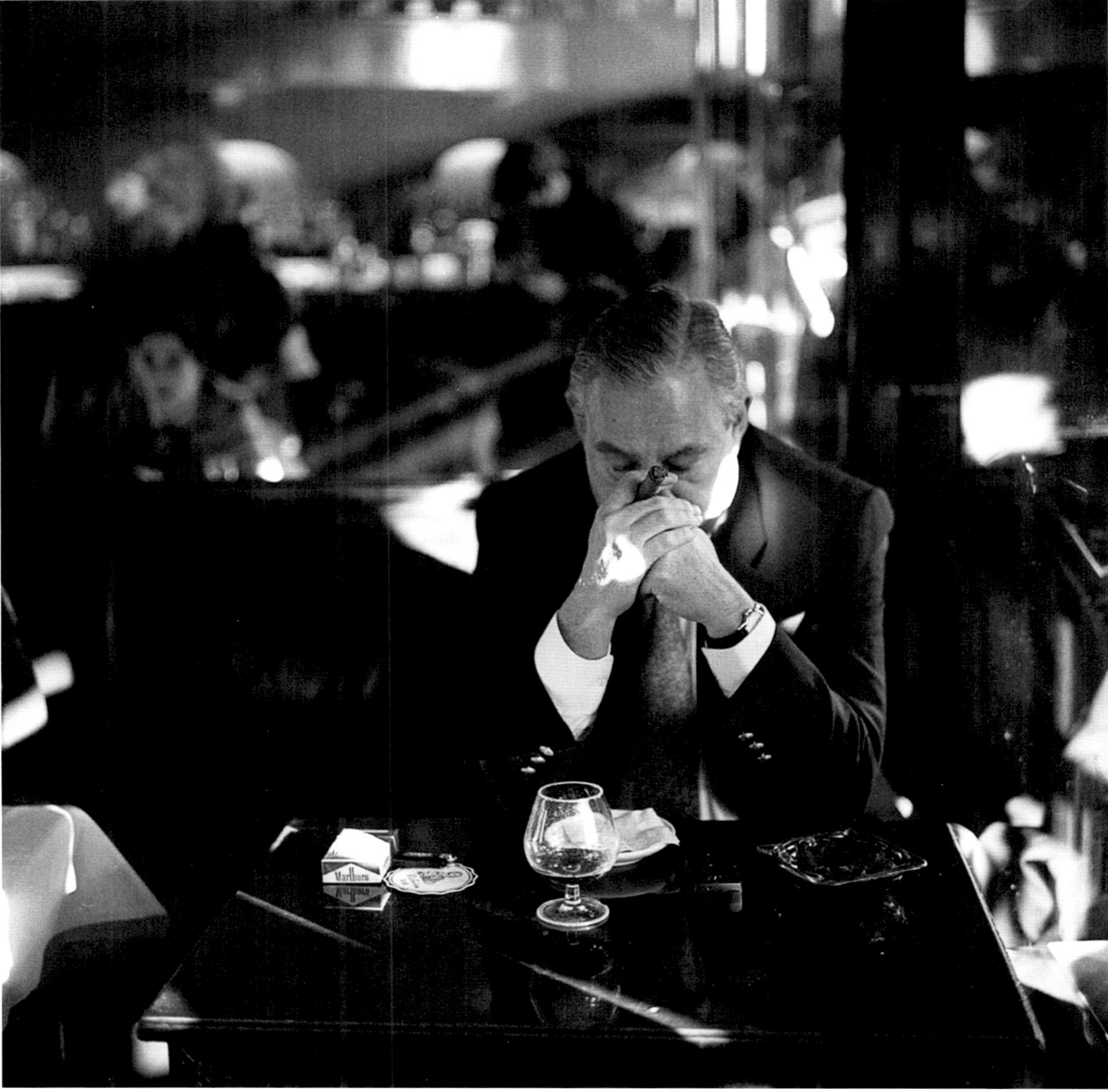
Marlboro

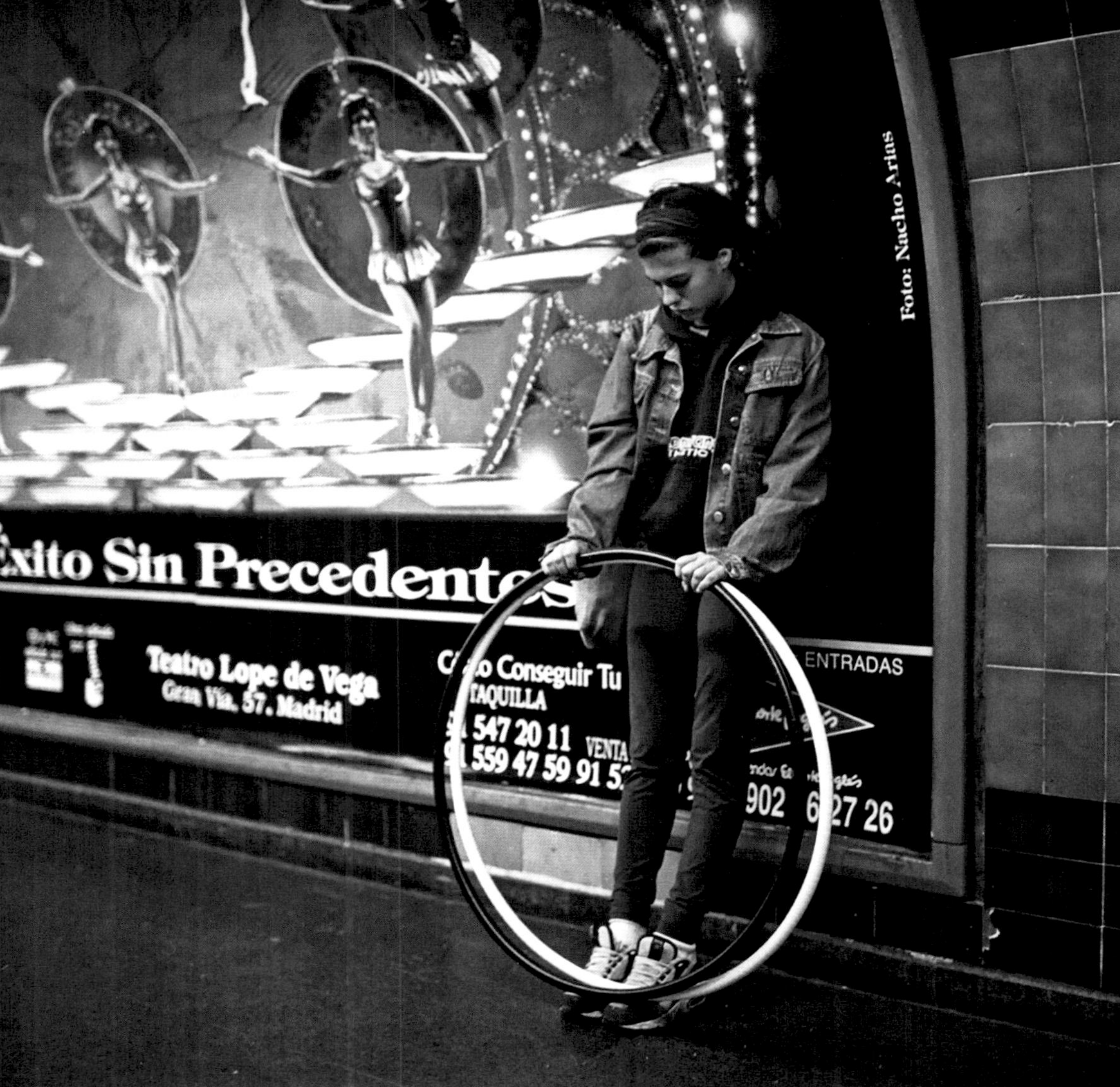
Éxito Sin Precedentes
Teatro Lope de Vega
Gran Vía, 57. Madrid
Cómo Conseguir Tu
TAQUILLA
547 20 11
559 47 59 91 52
VENTA
ENTRADAS
902 6 27 26
Foto: Nacho Arias

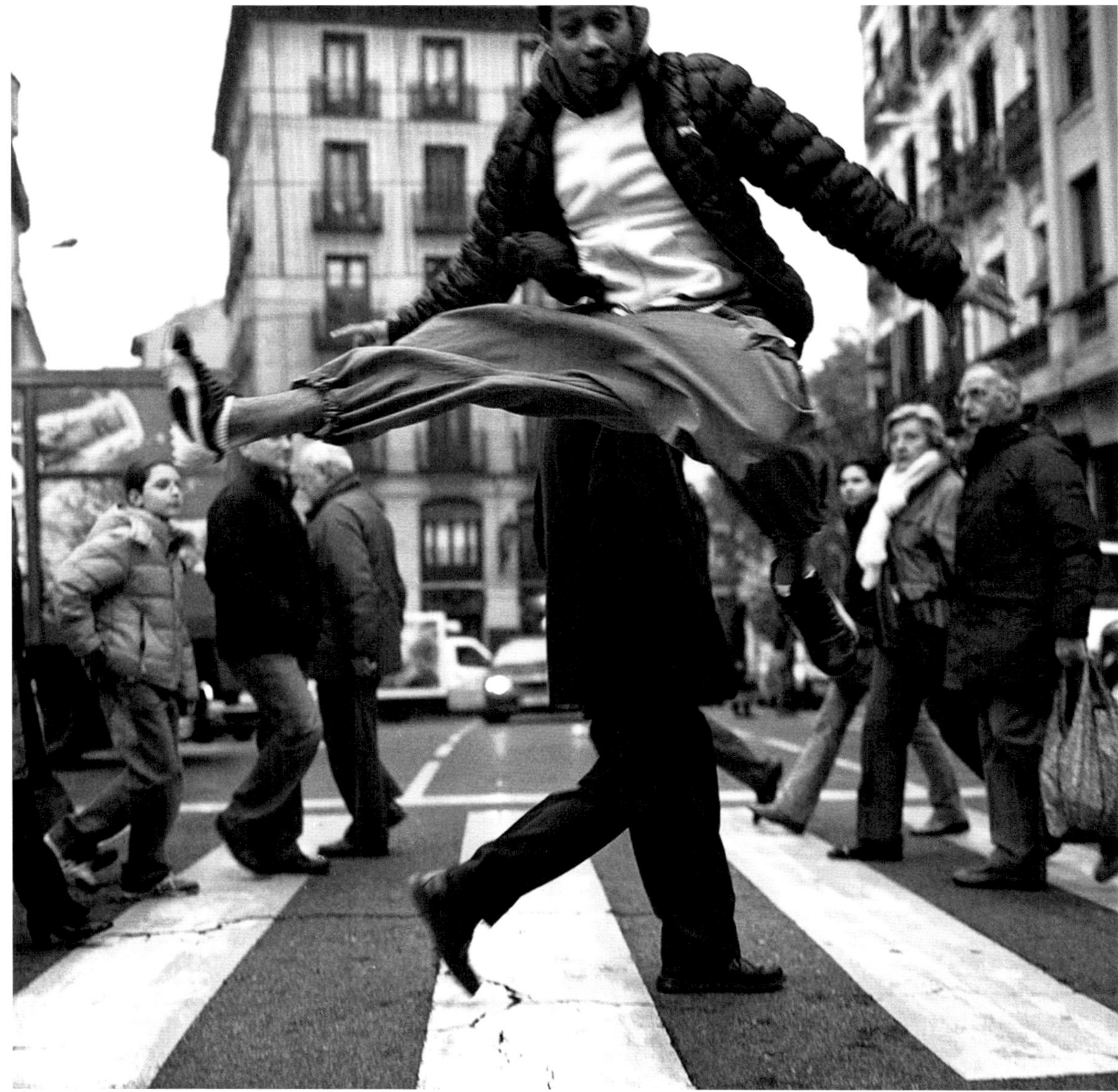

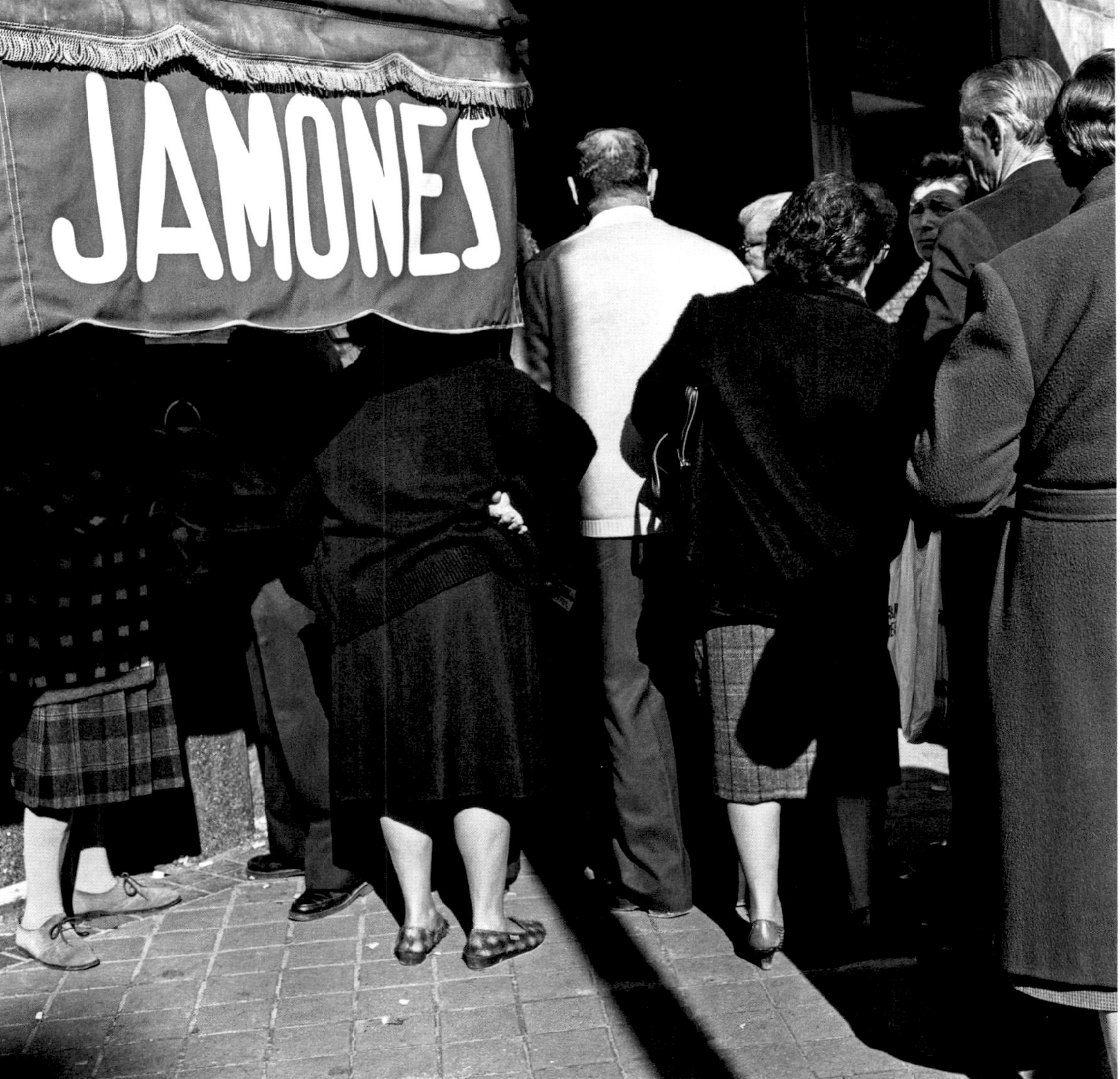
JAMONES

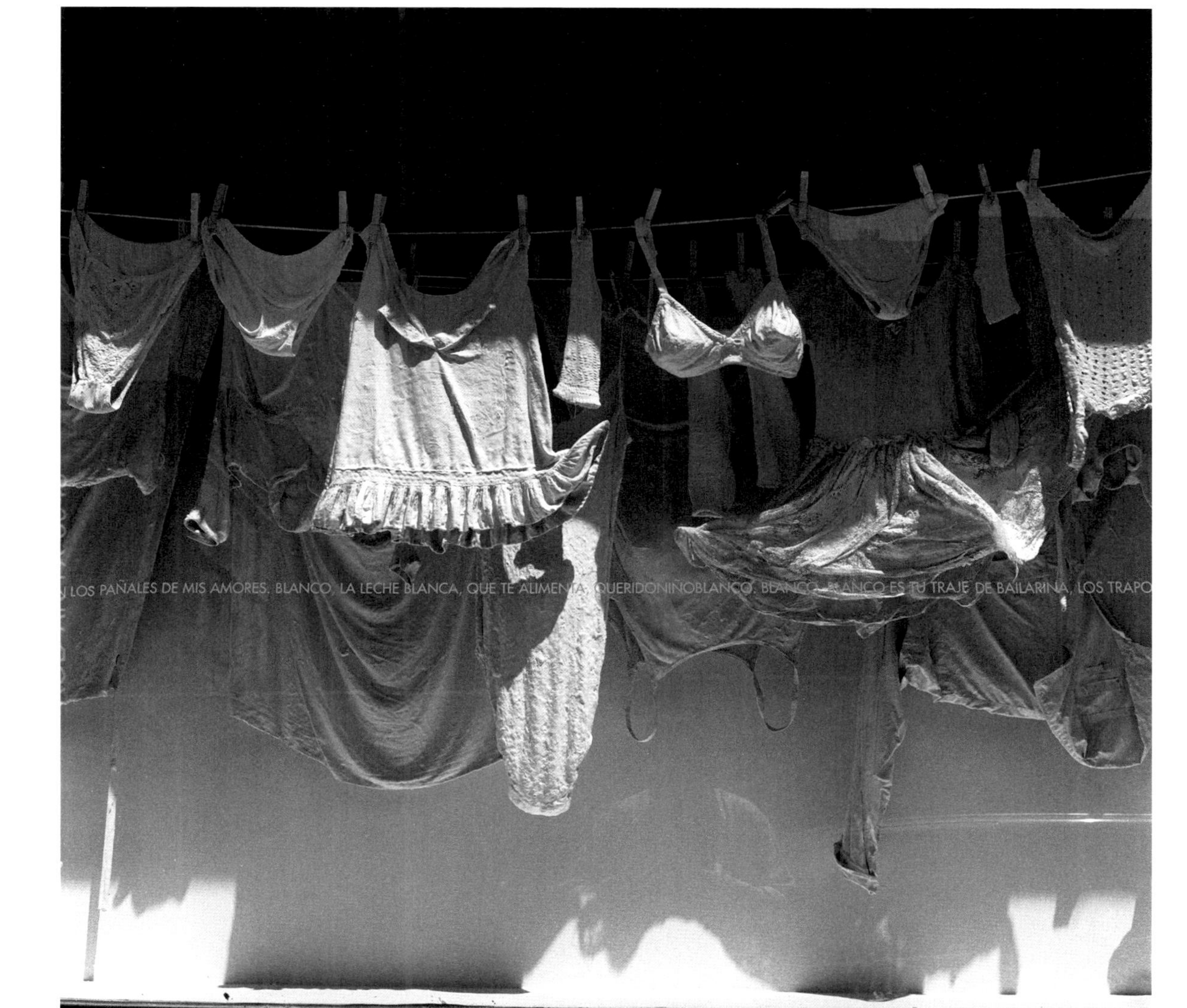
N LOS PAÑALES DE MIS AMORES. BLANCO, LA LECHE BLANCA, QUE TE ALIMENTA, QUERIDONIÑOBLANCO. BLANCO, BLANCO ES TU TRAJE DE BAILARINA, LOS TRAPO

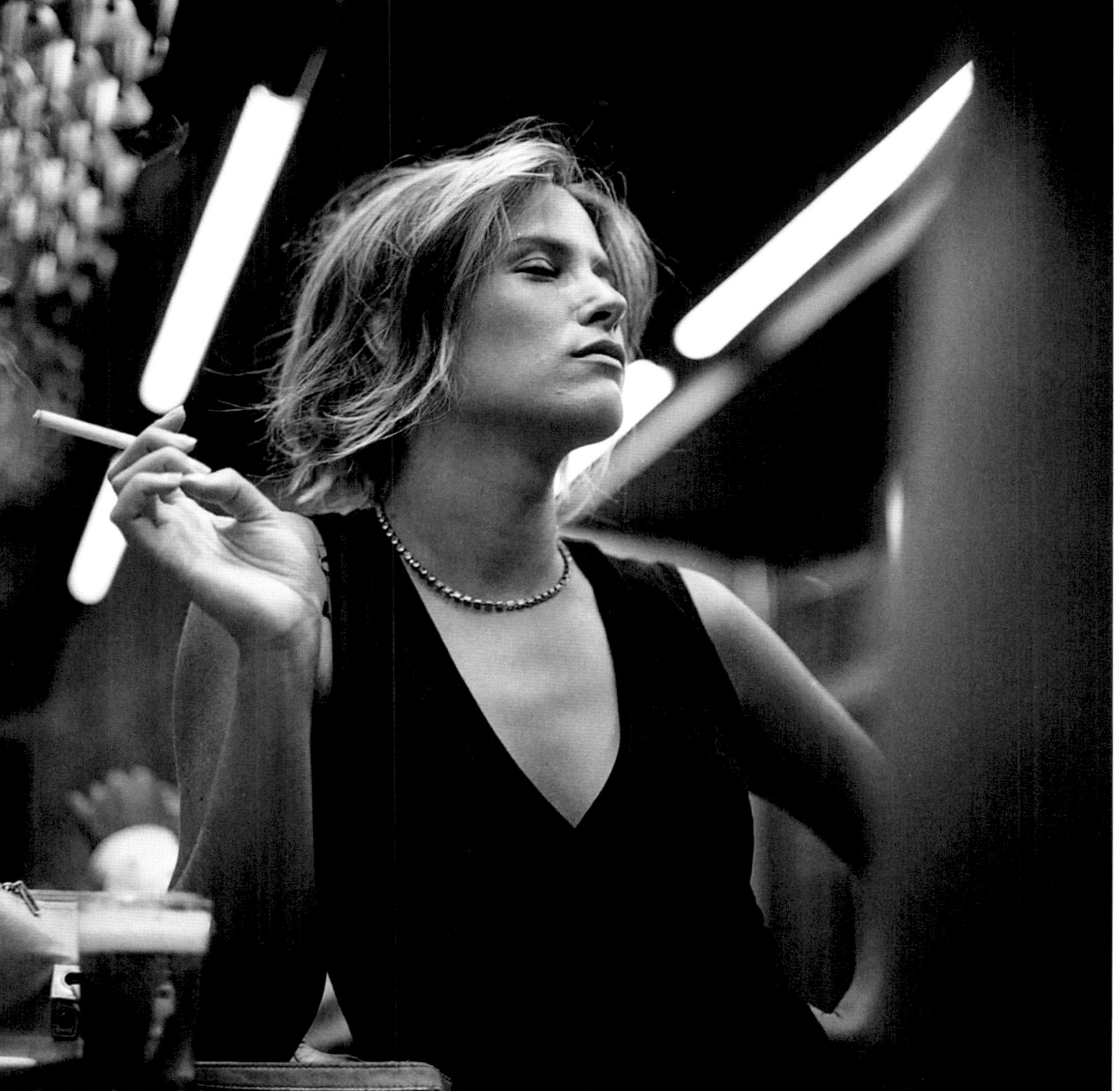

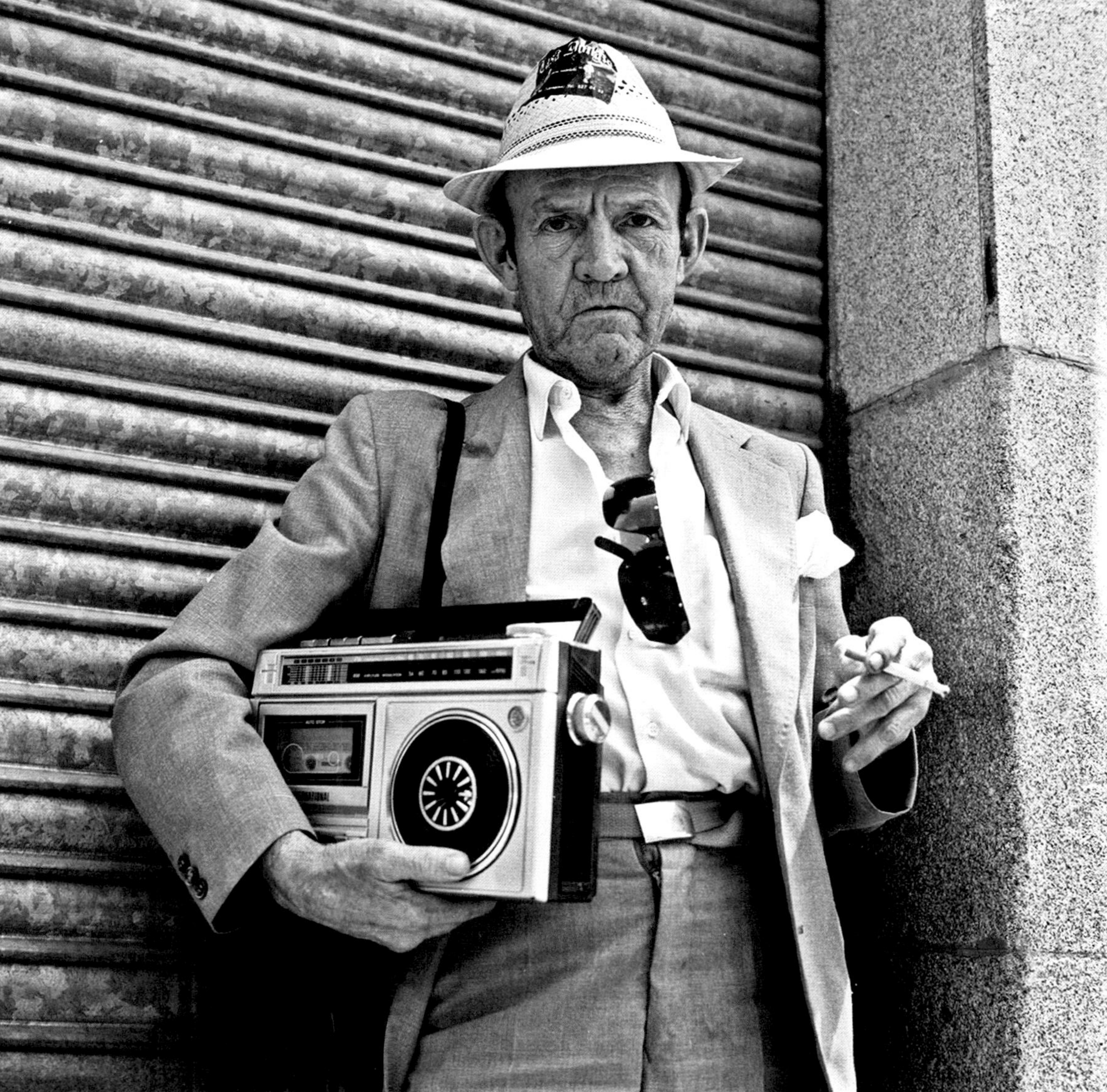

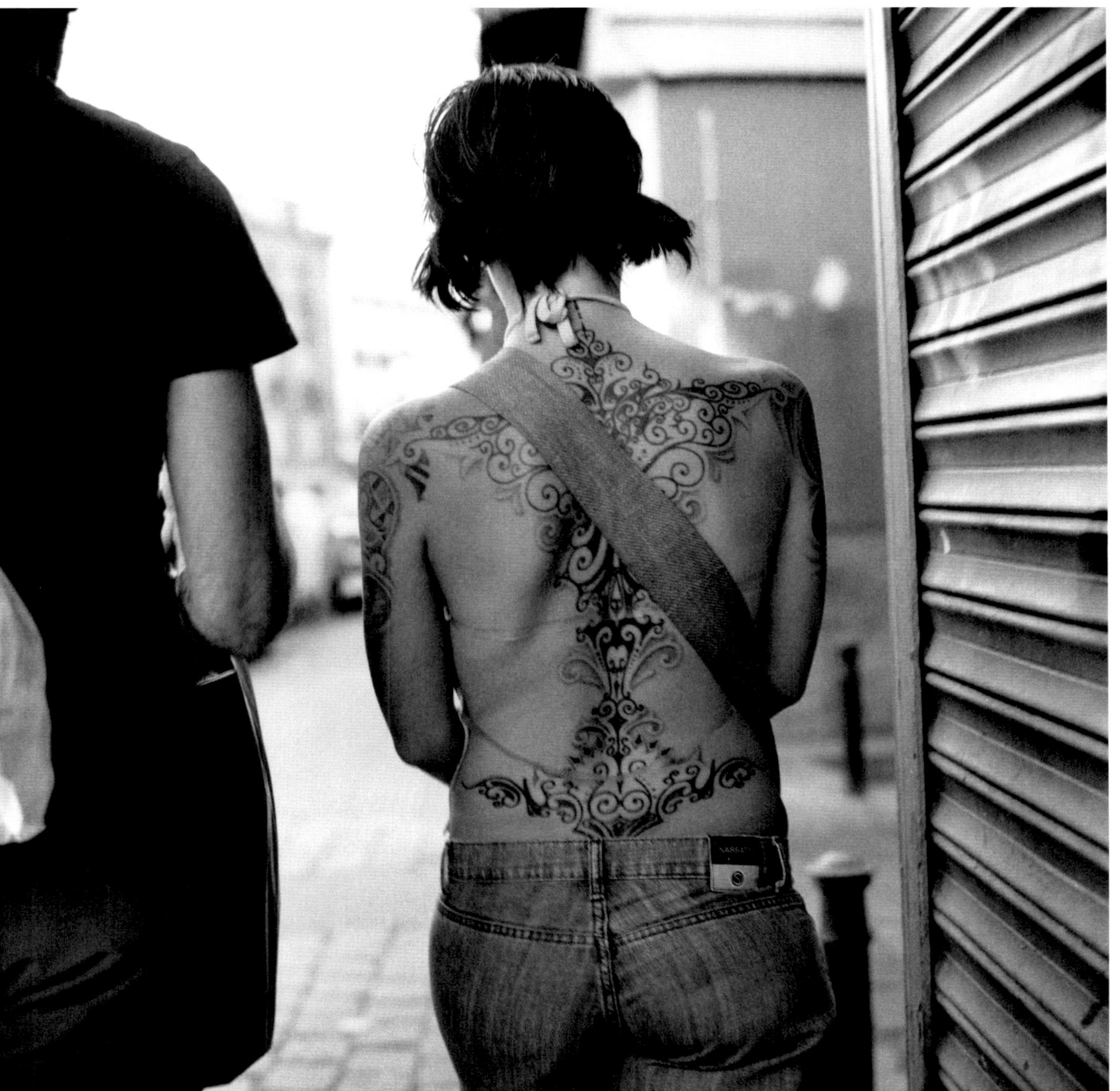

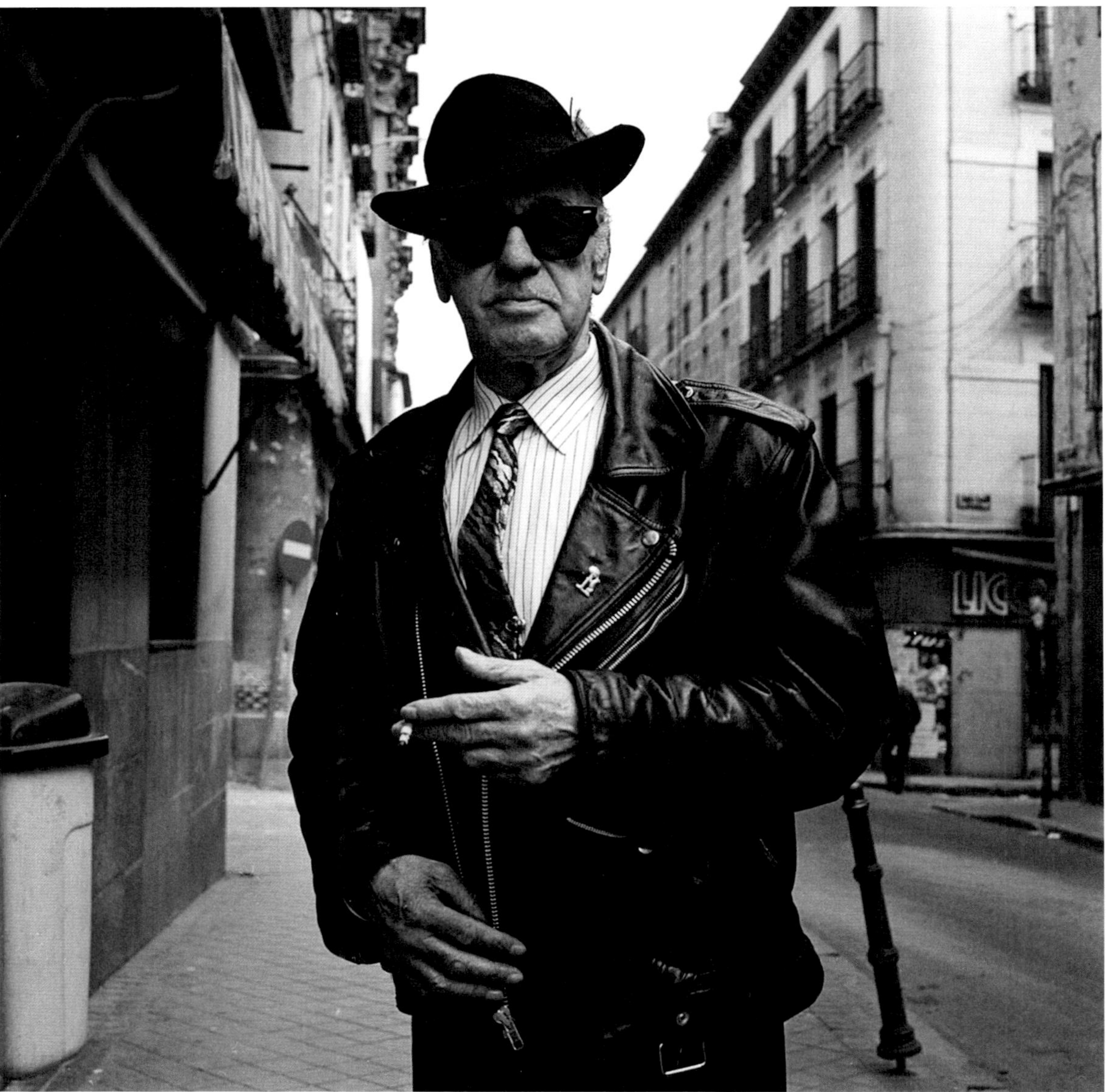

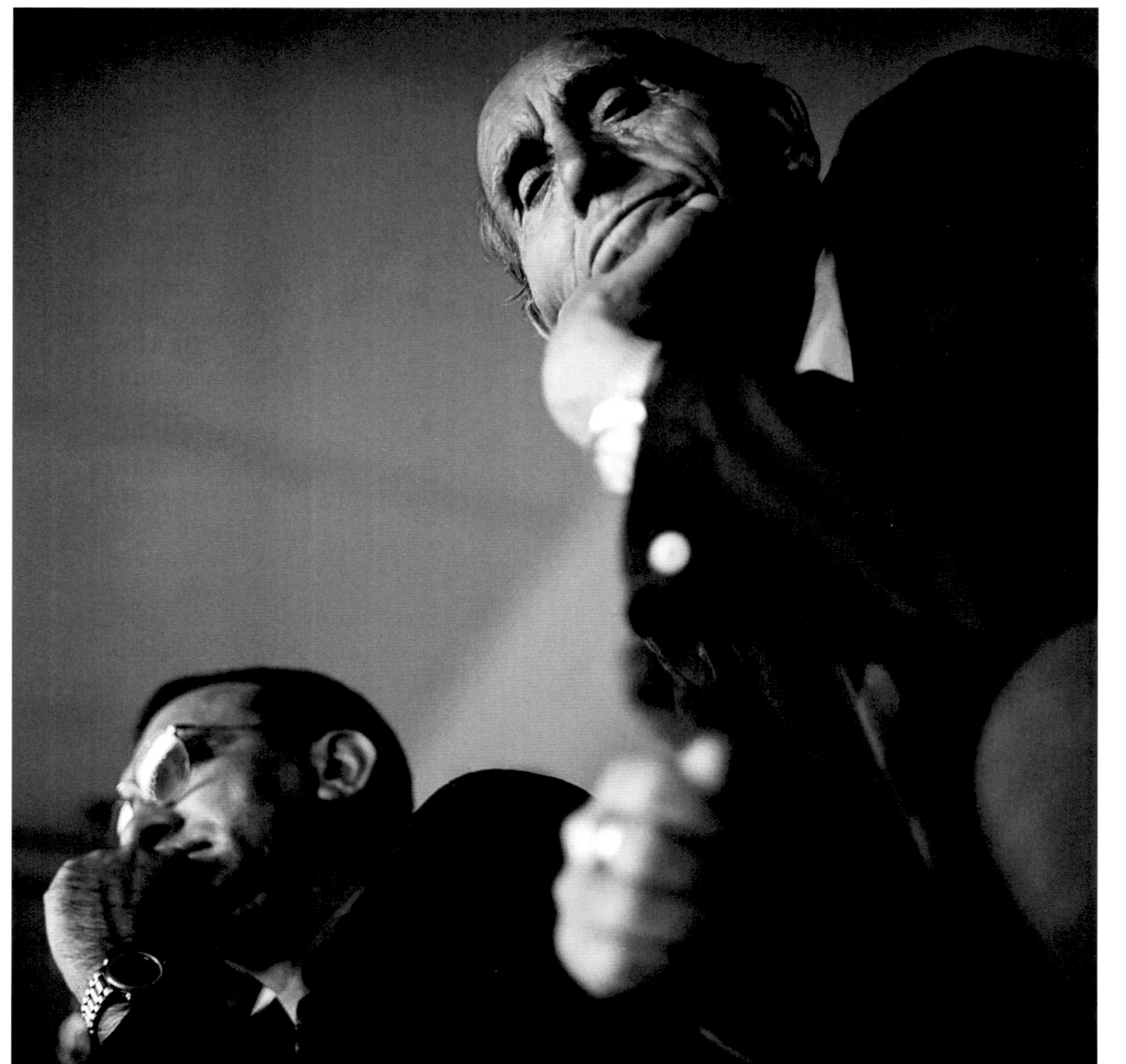

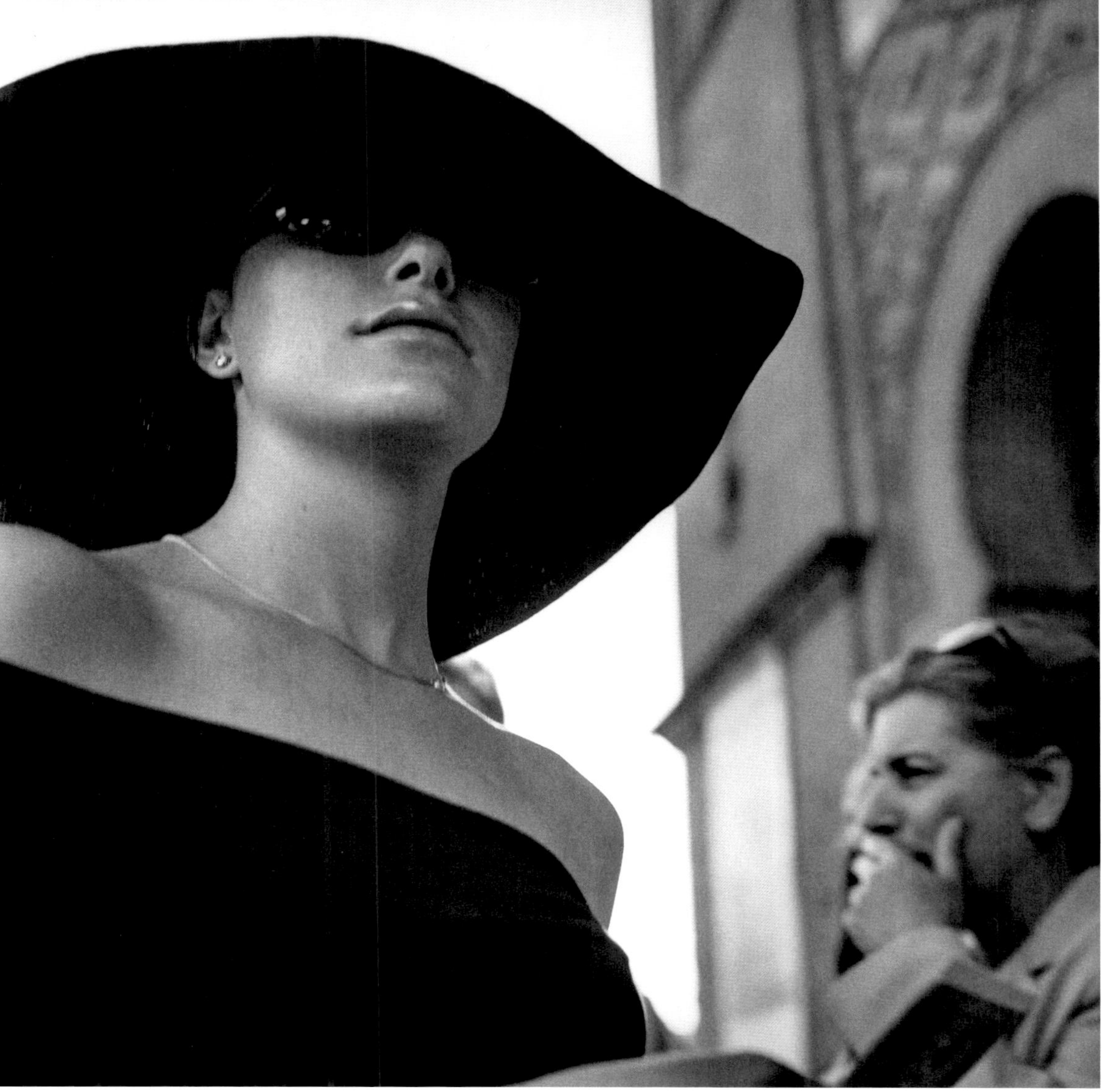

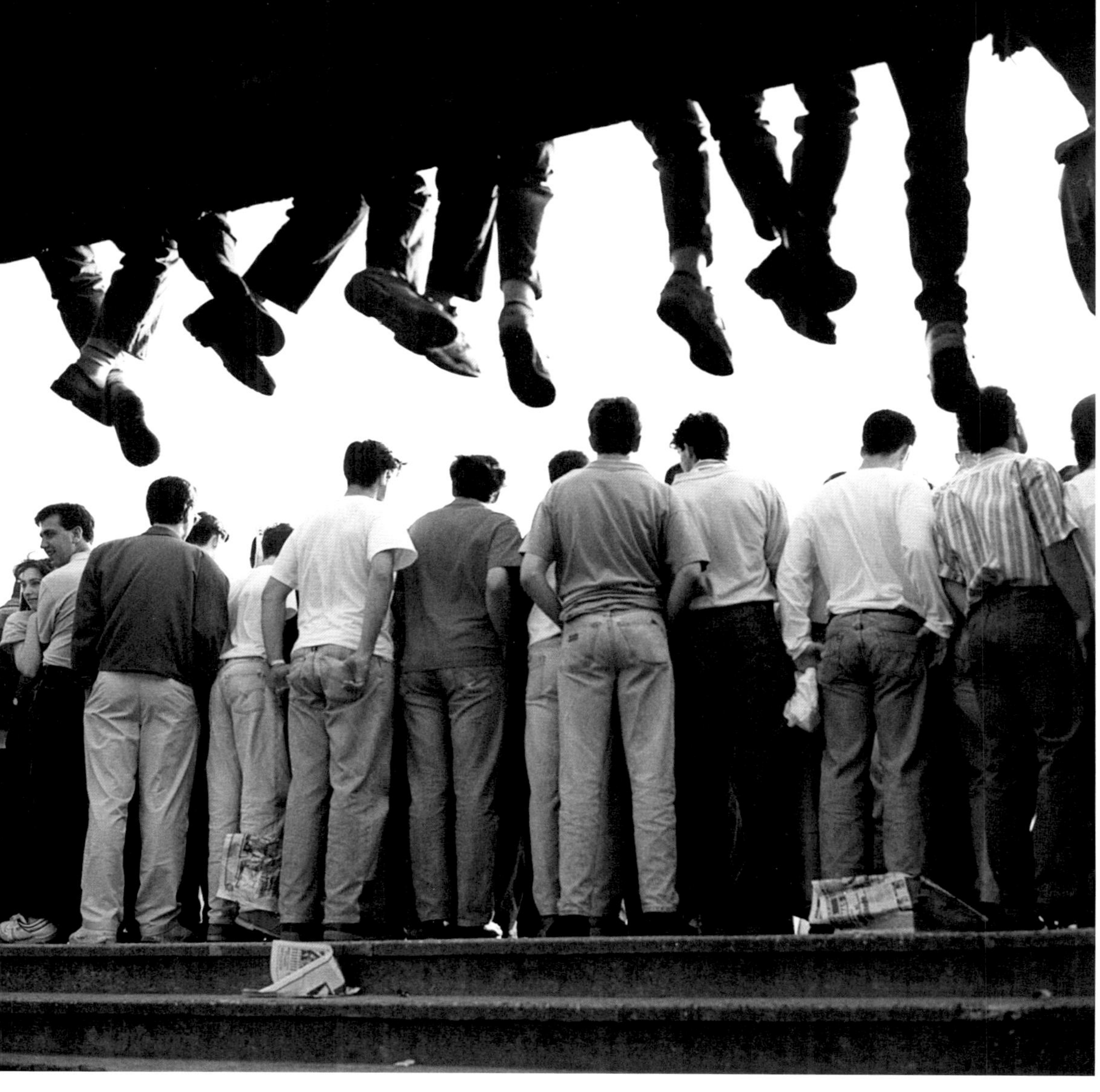

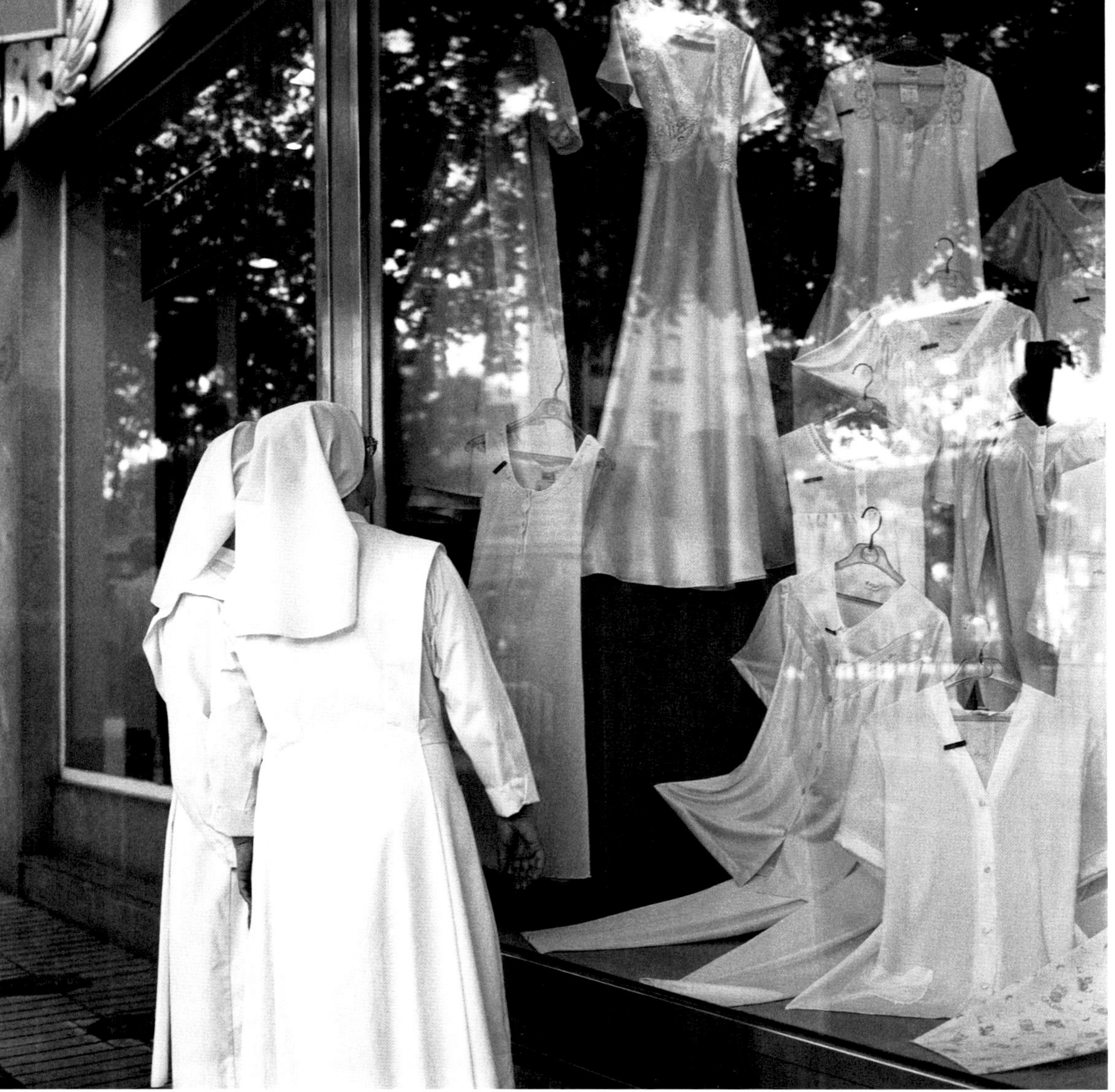

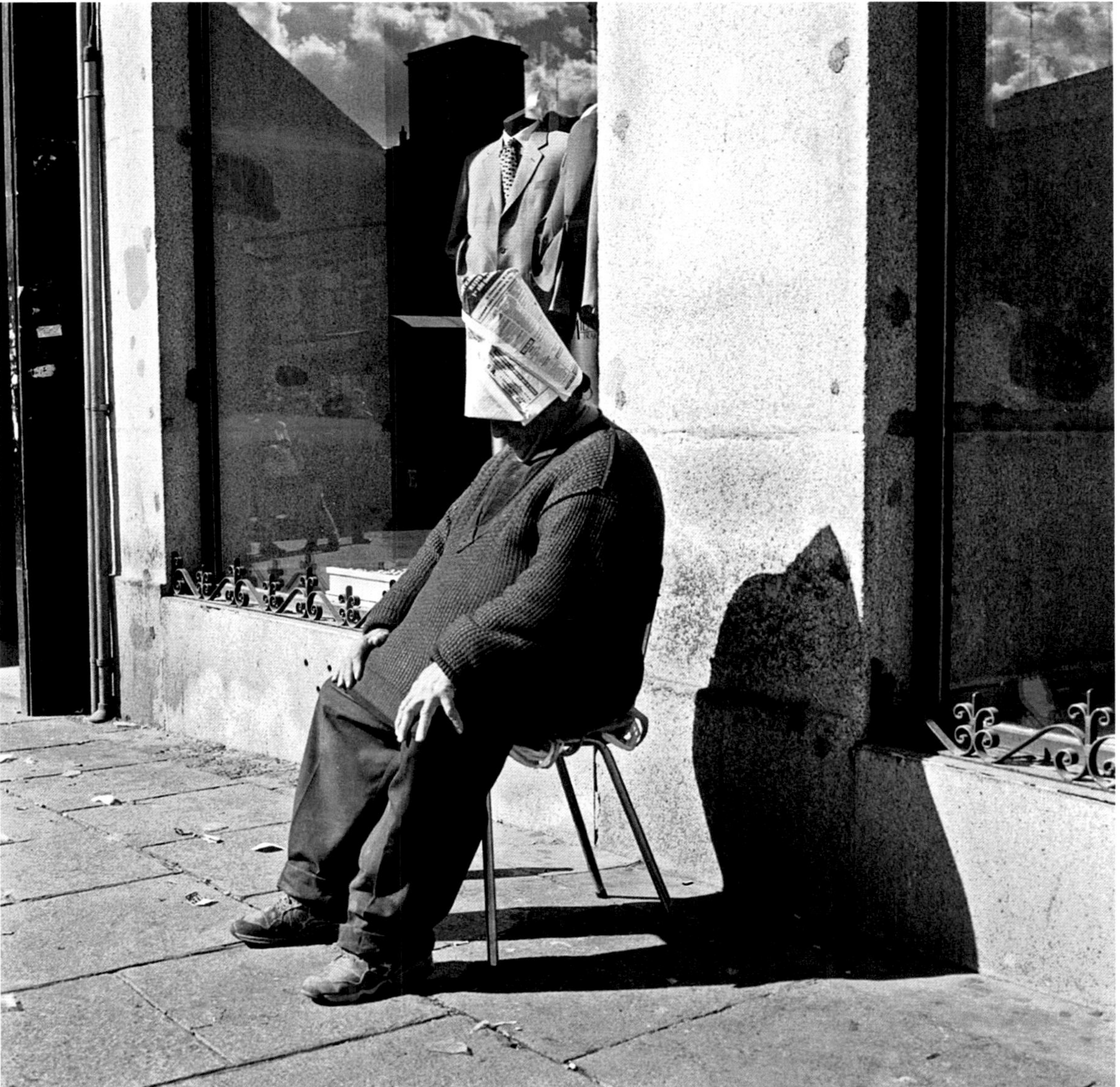

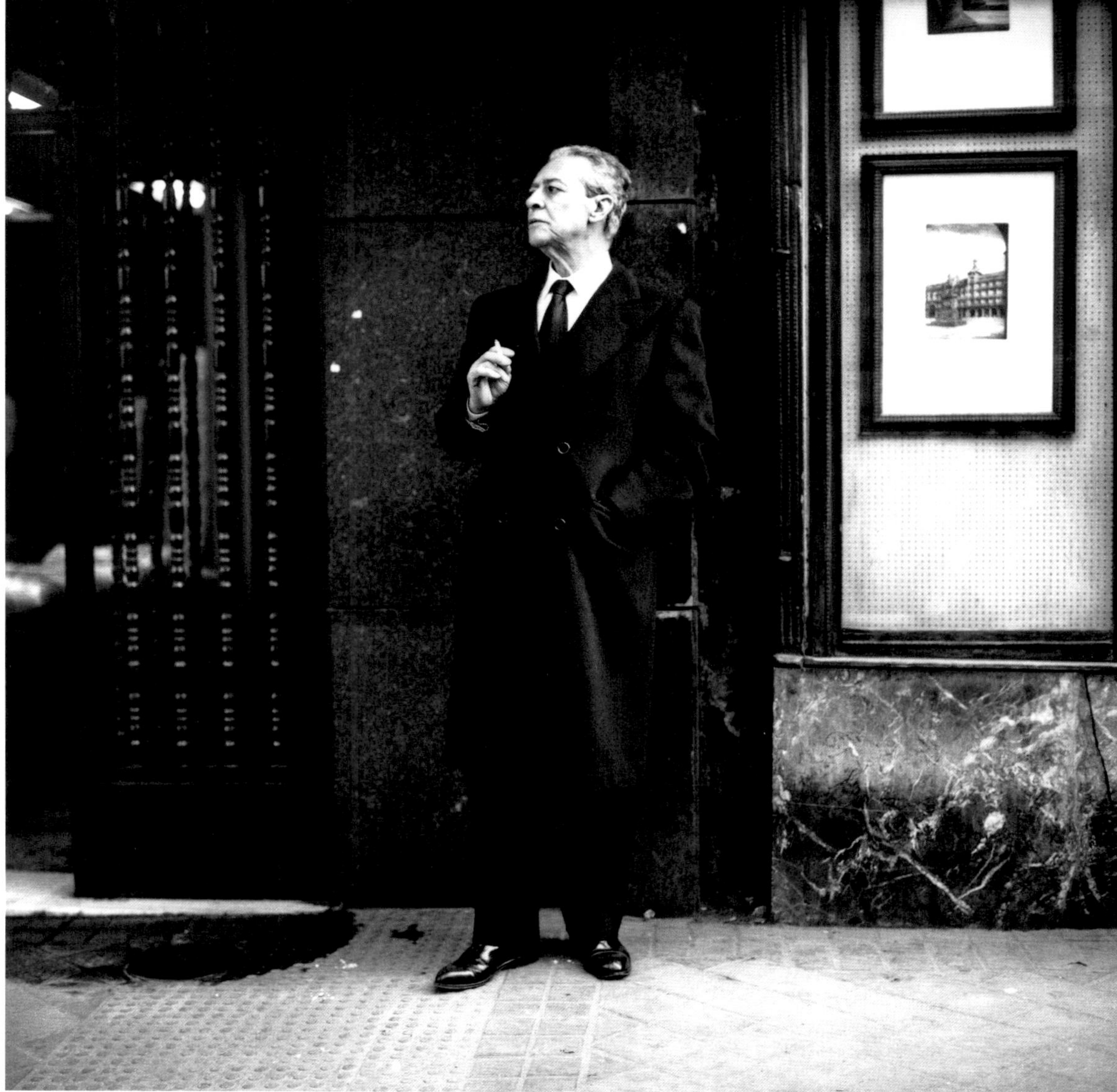

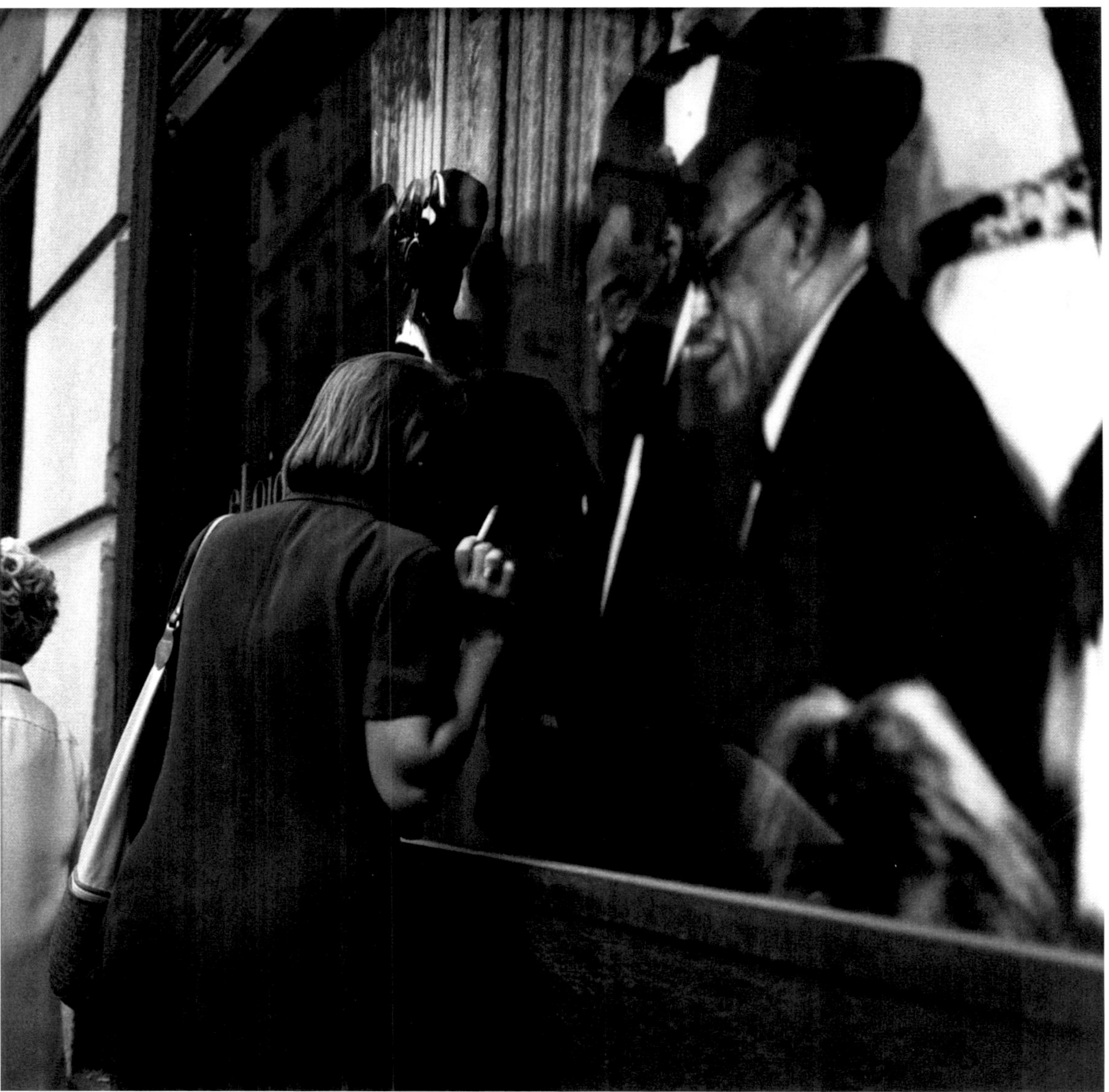

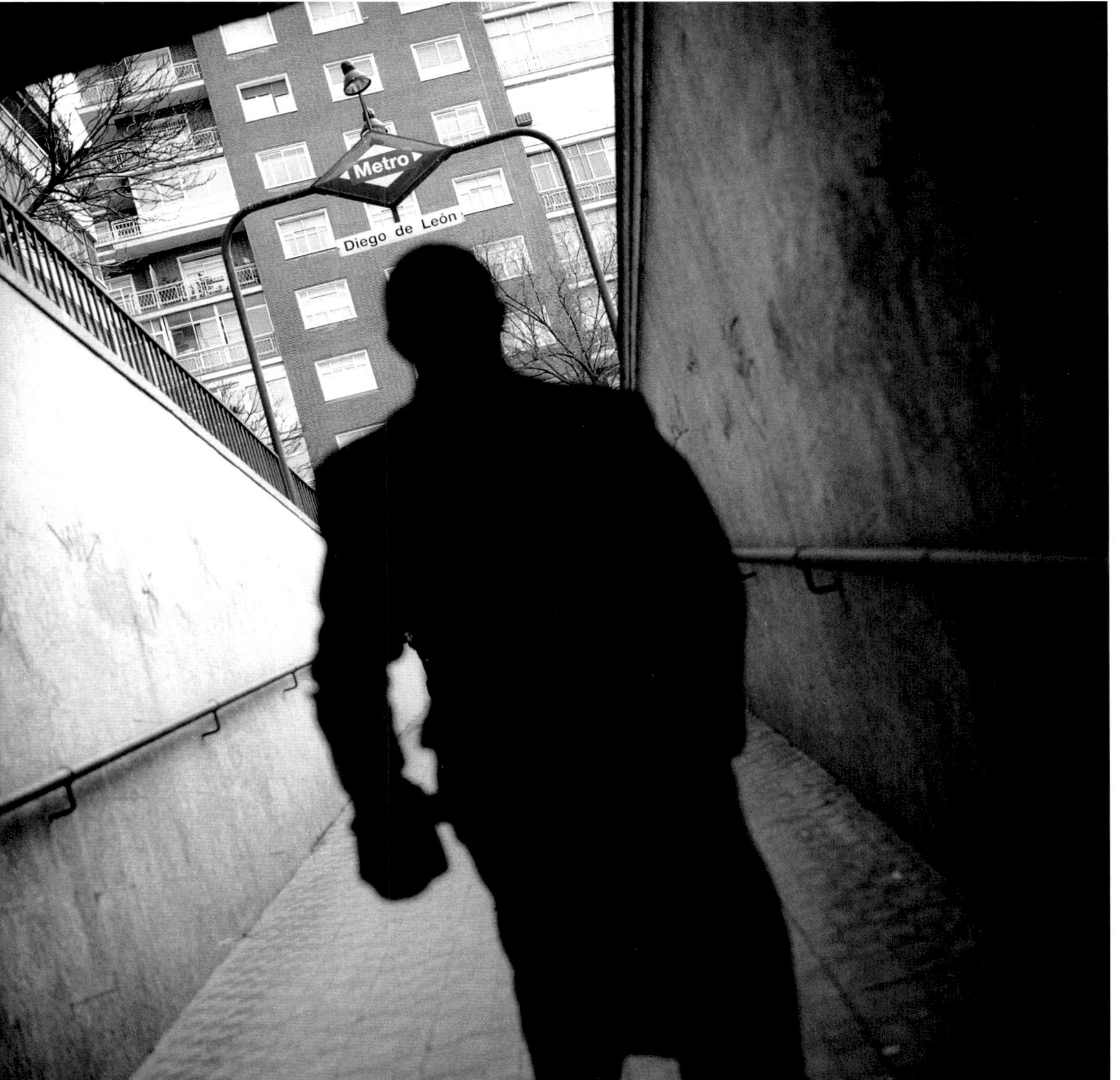

Metro
Diego de León

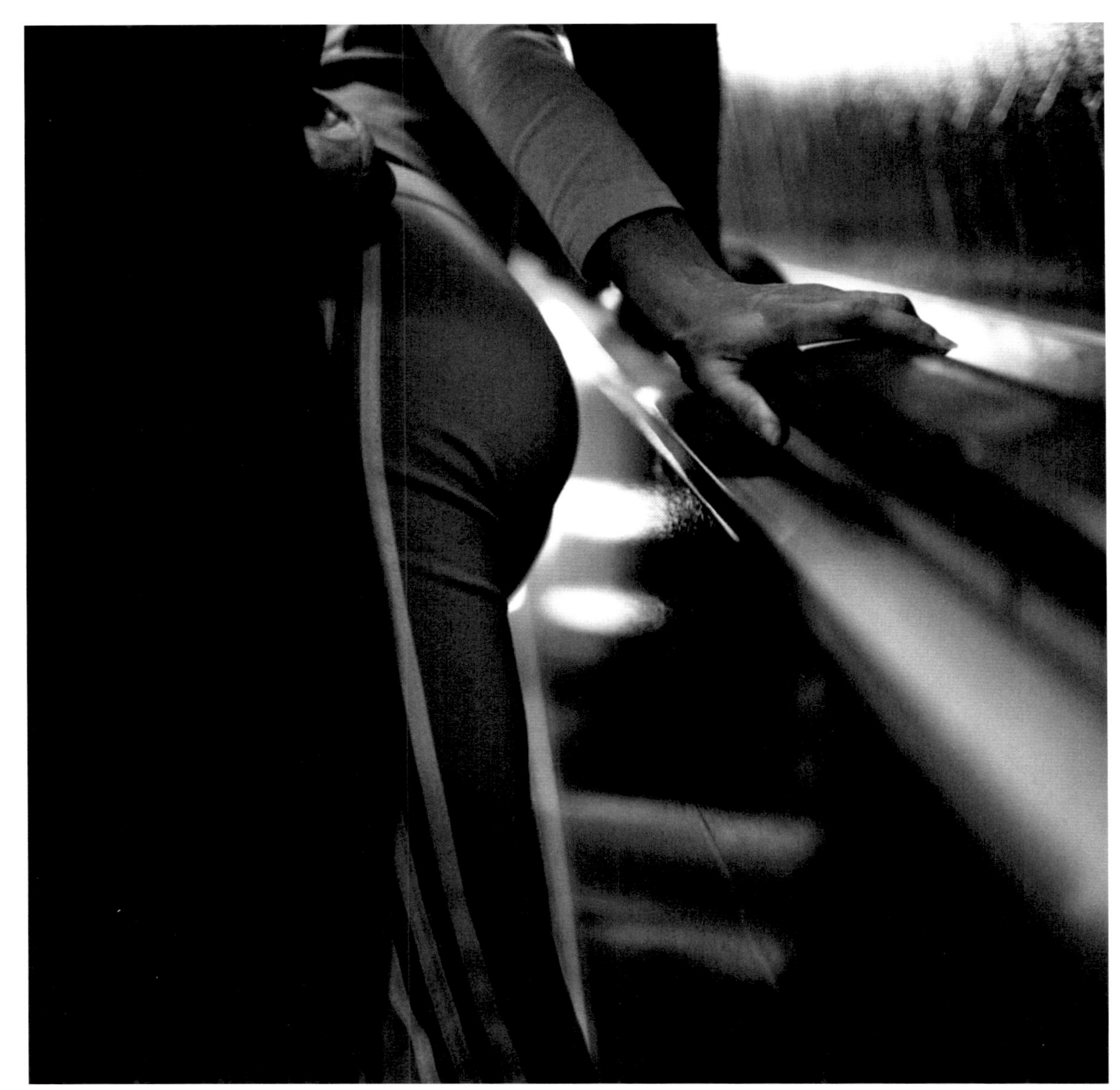

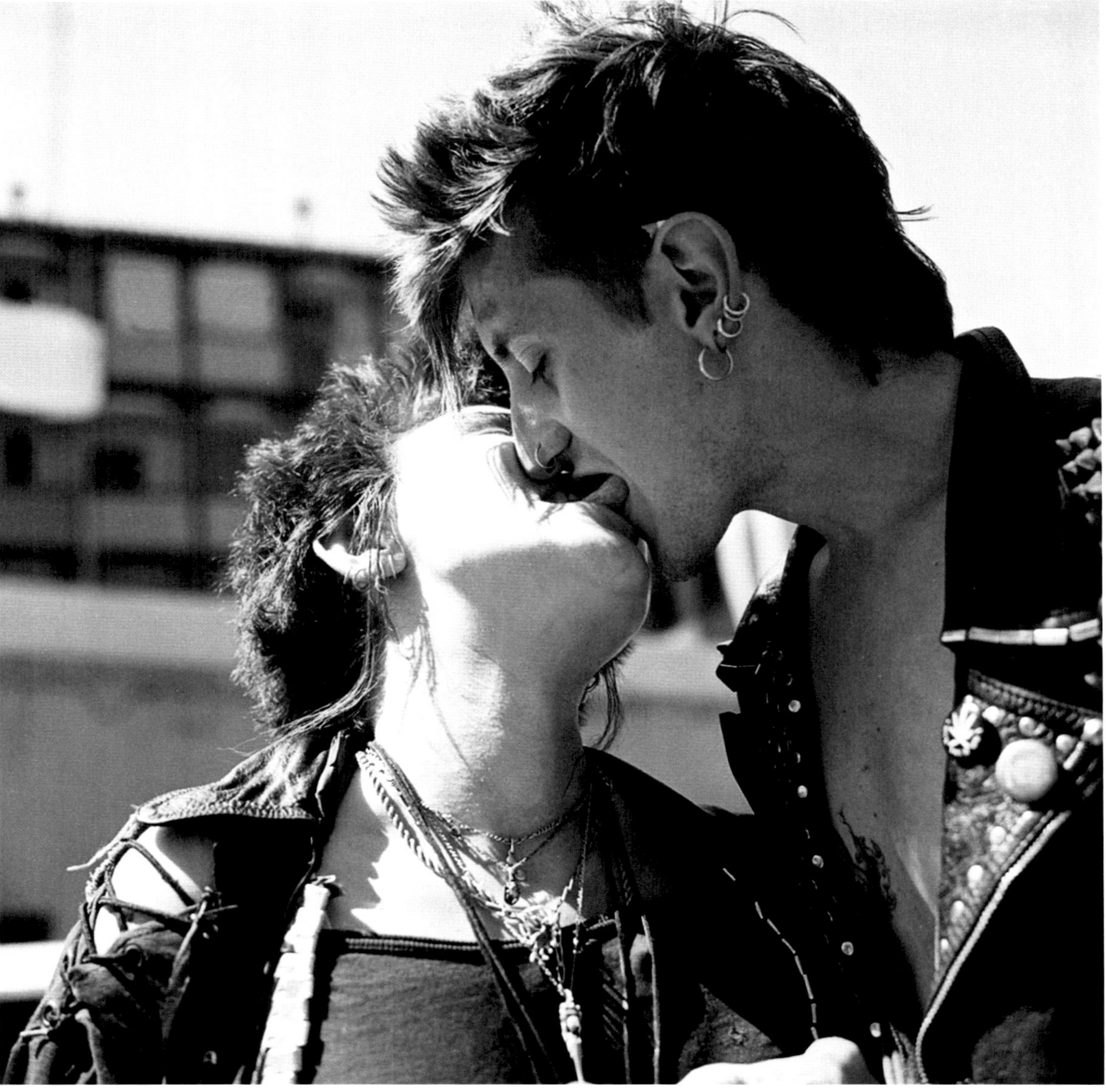

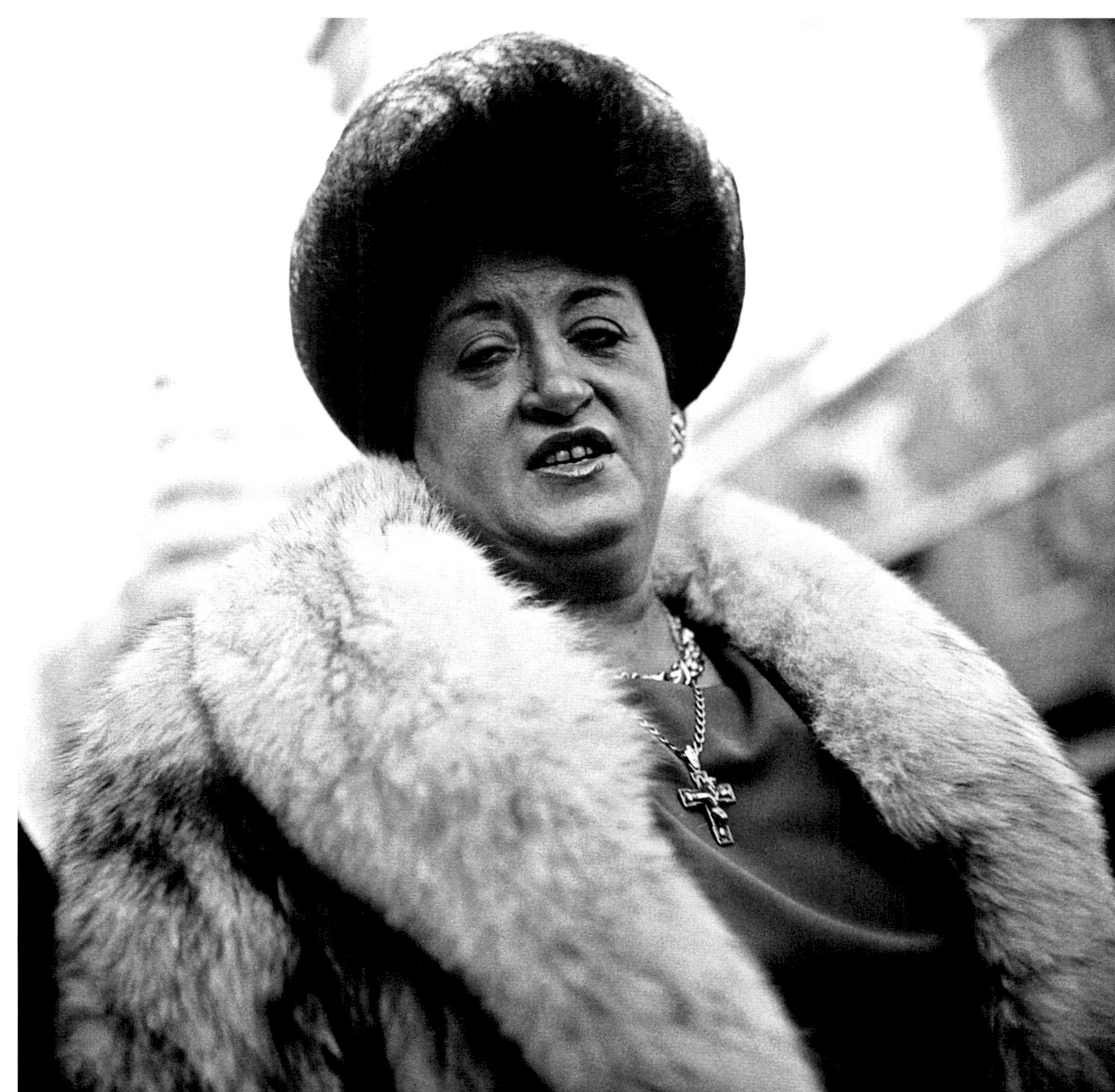

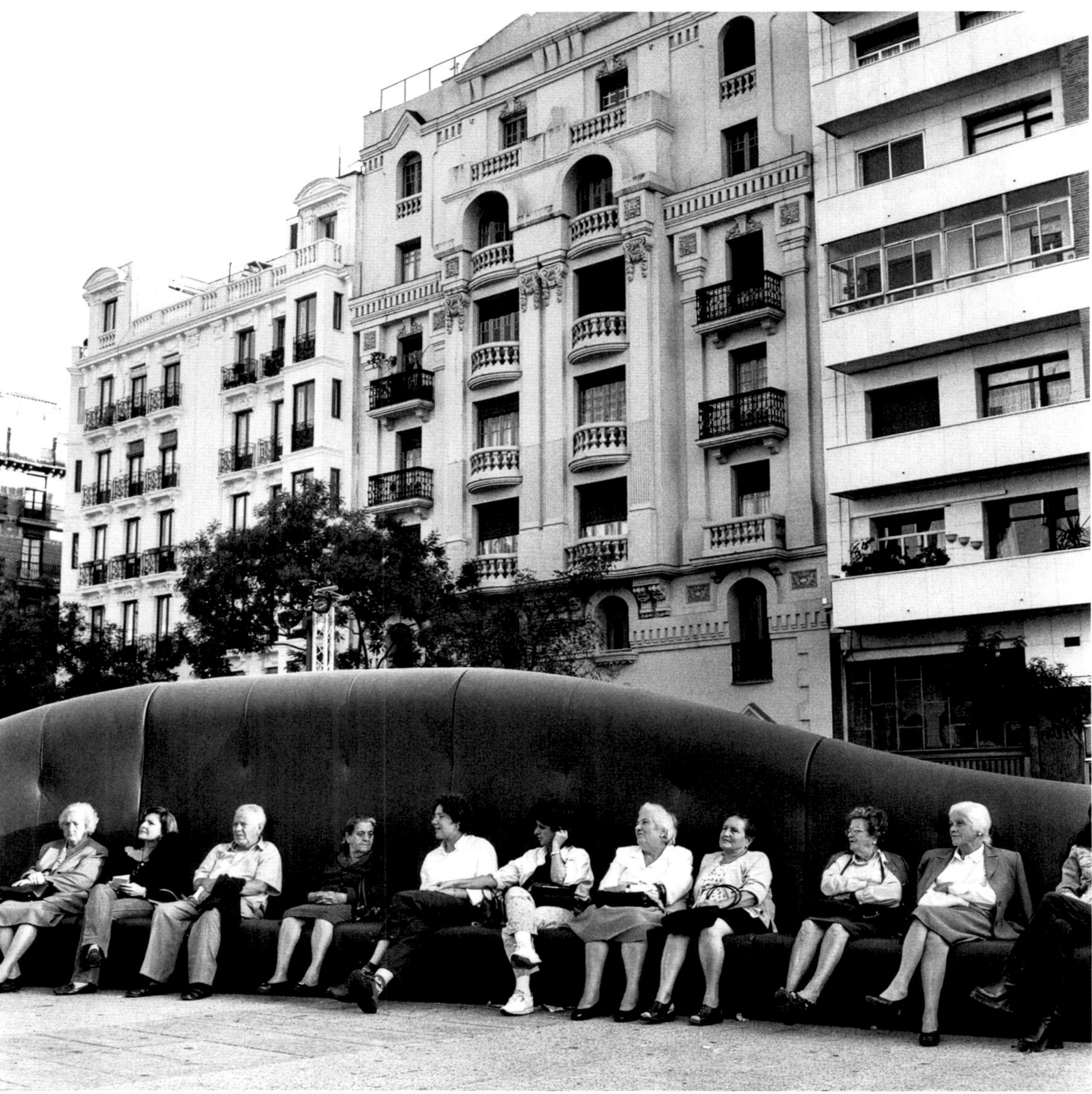

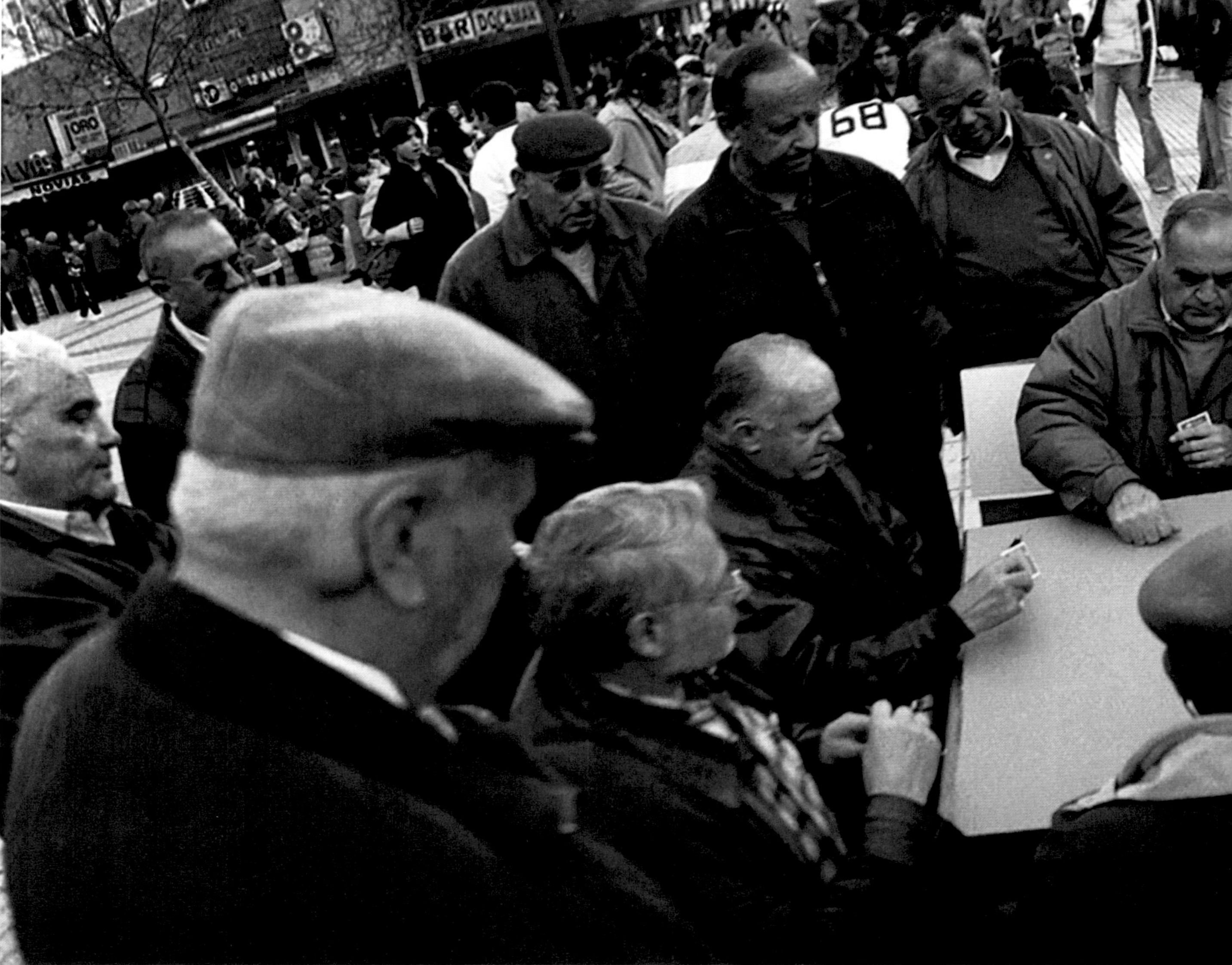

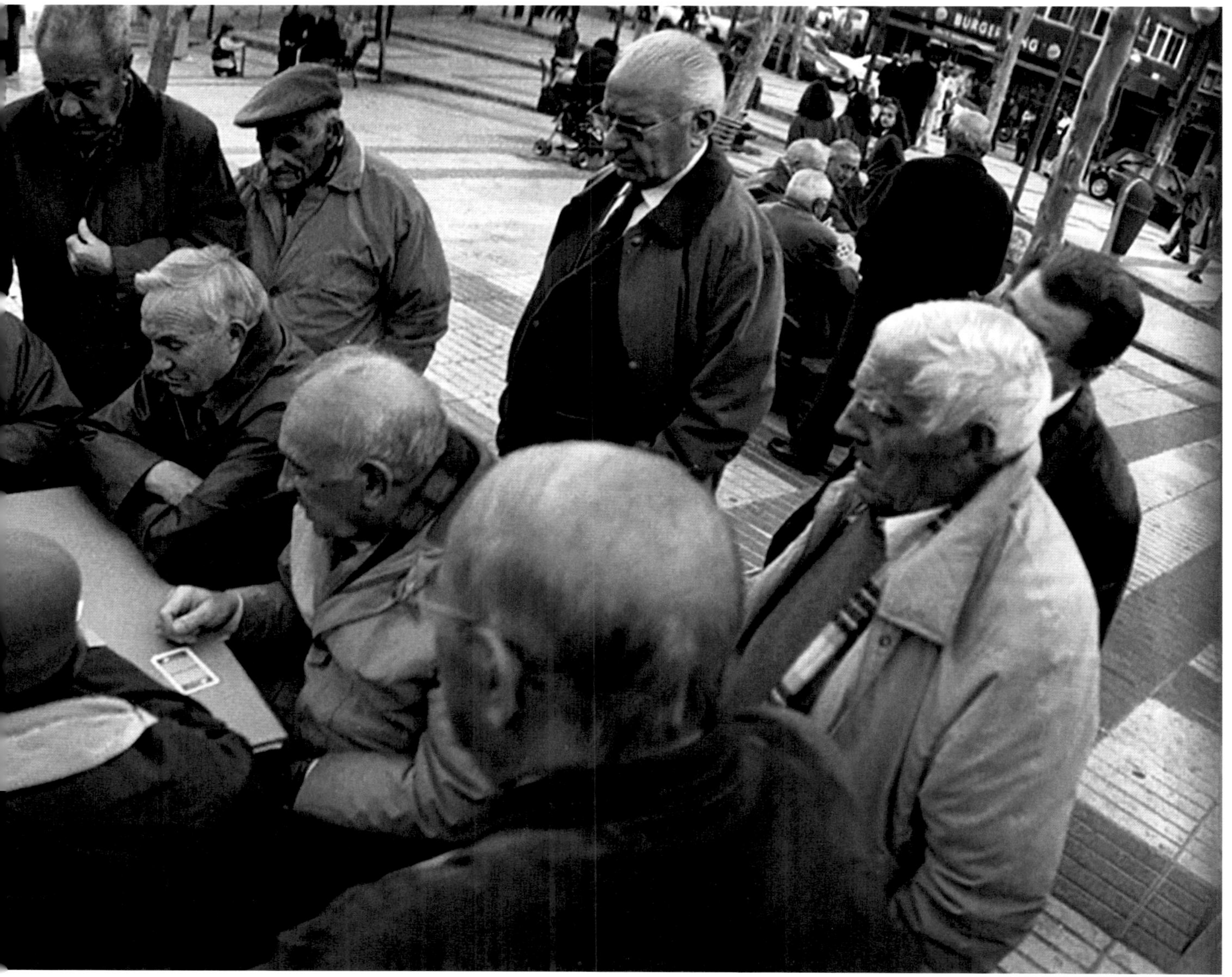

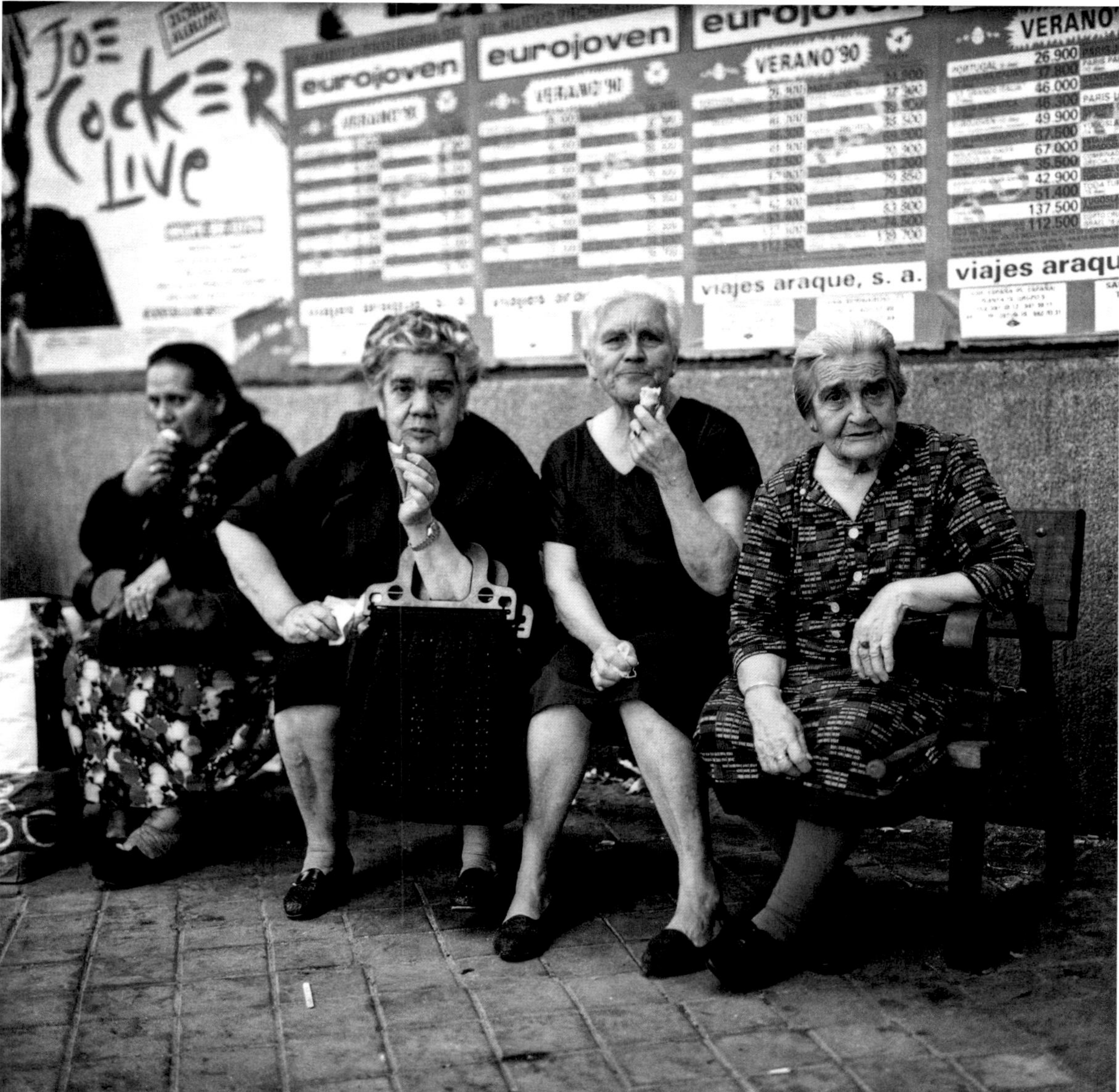

JOE
COCKER
LIVE
eurojoven
eurojoven
eurojoven
VERANO
VERANO'90
PORTUGAL 26.900
46.000
49.900
87.500
67.000
35.500
42.900
51.400
137.500
112.500
viajes araque, s. a.
viajes araqu

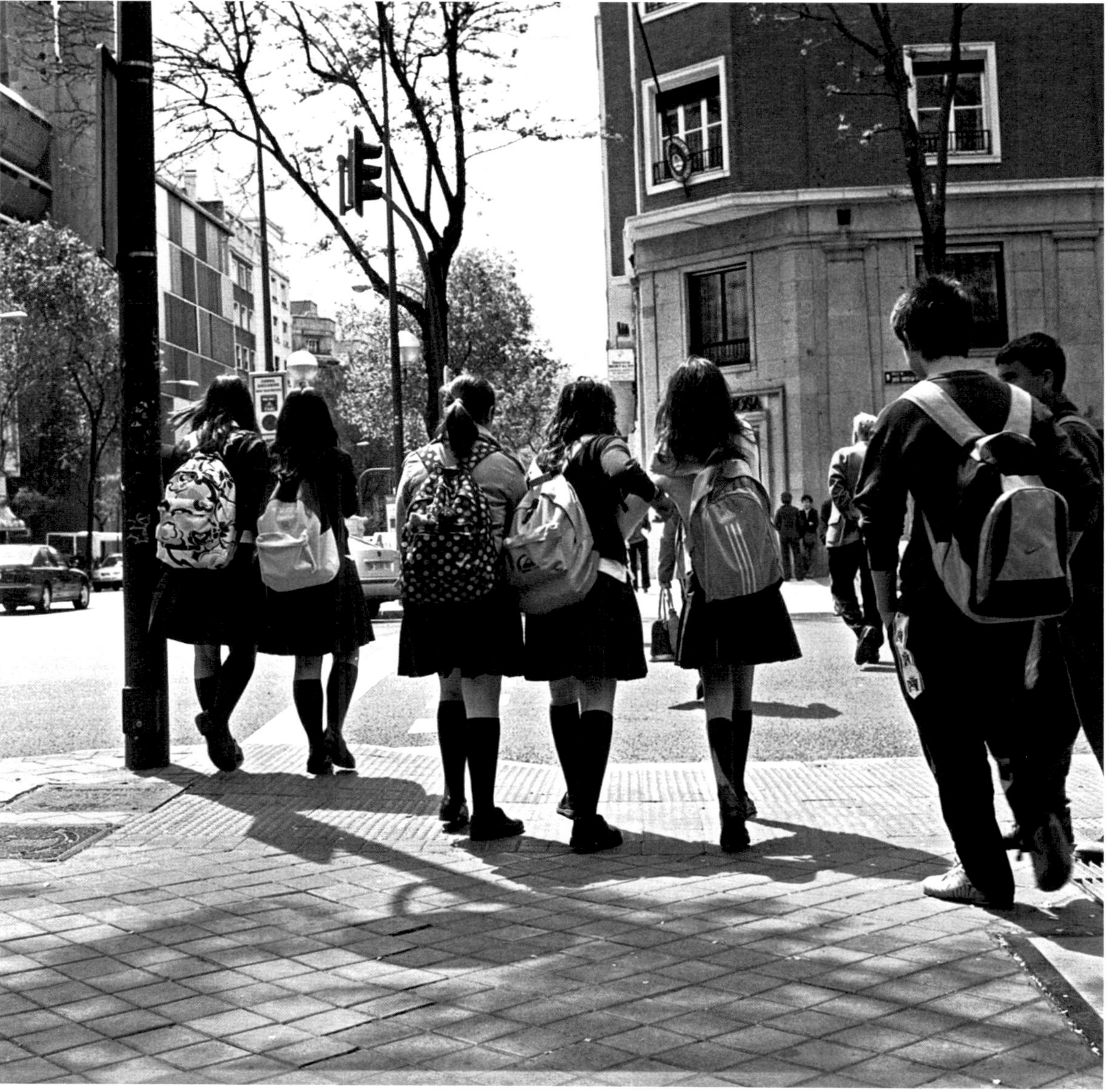

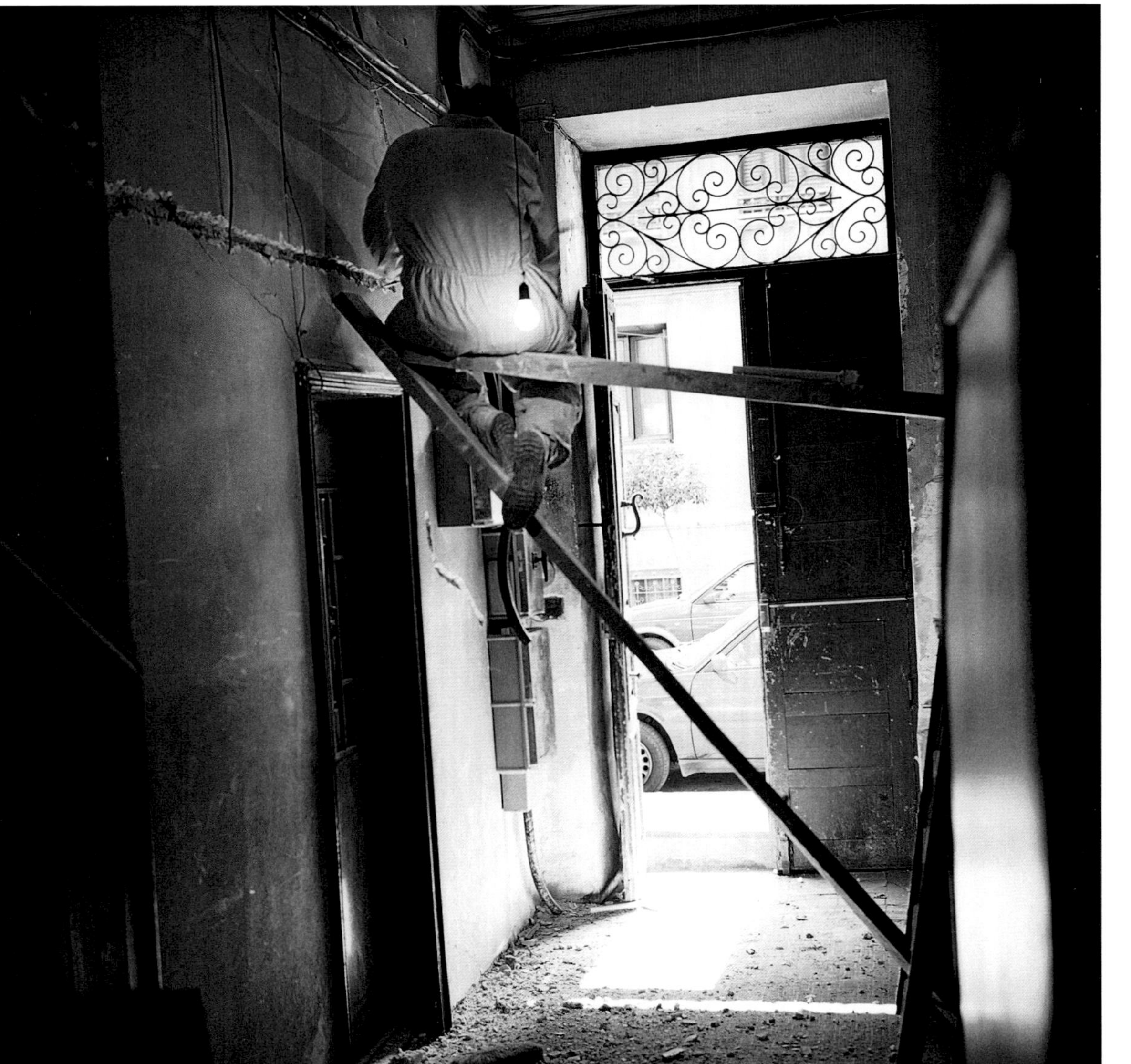

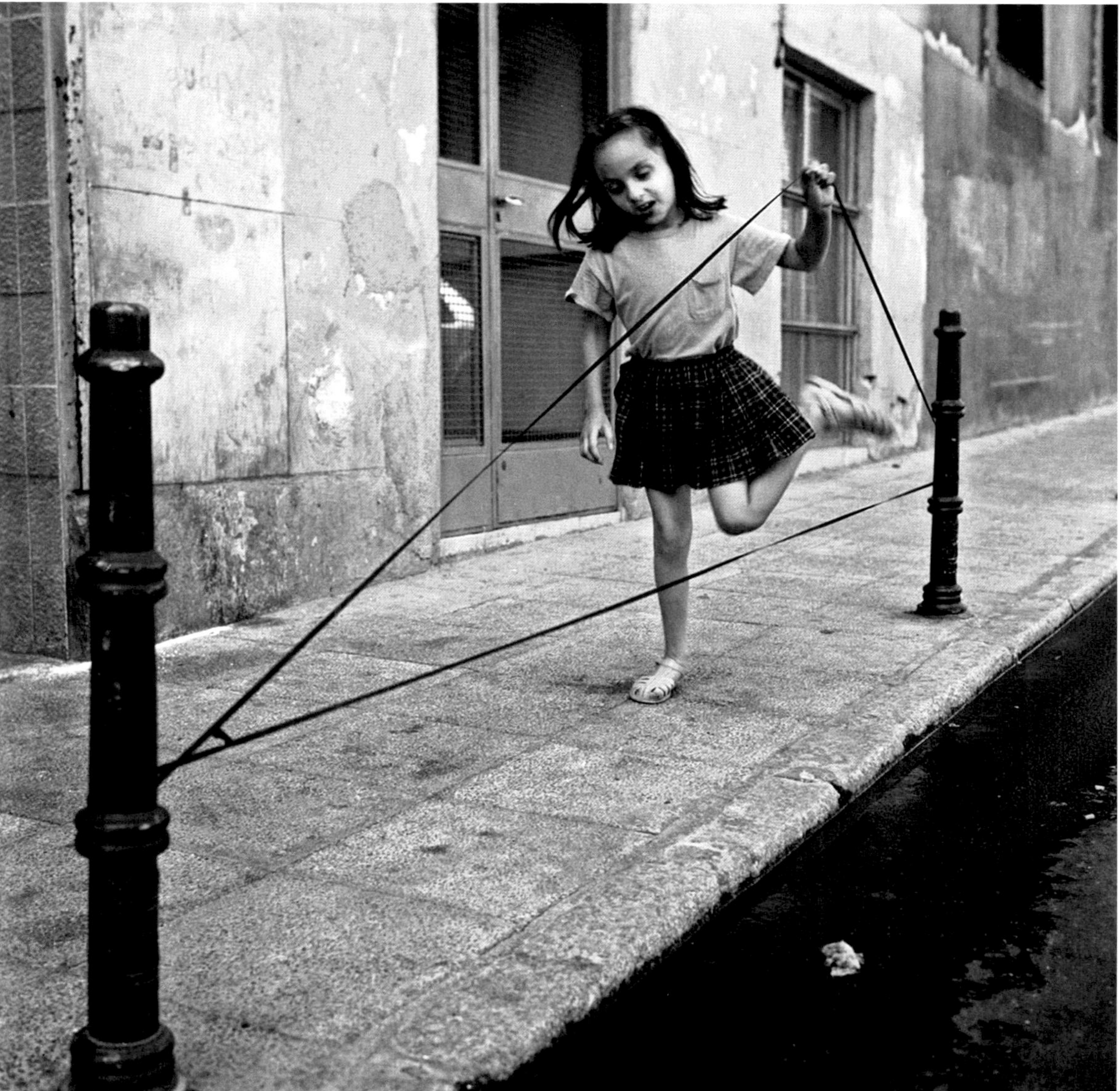

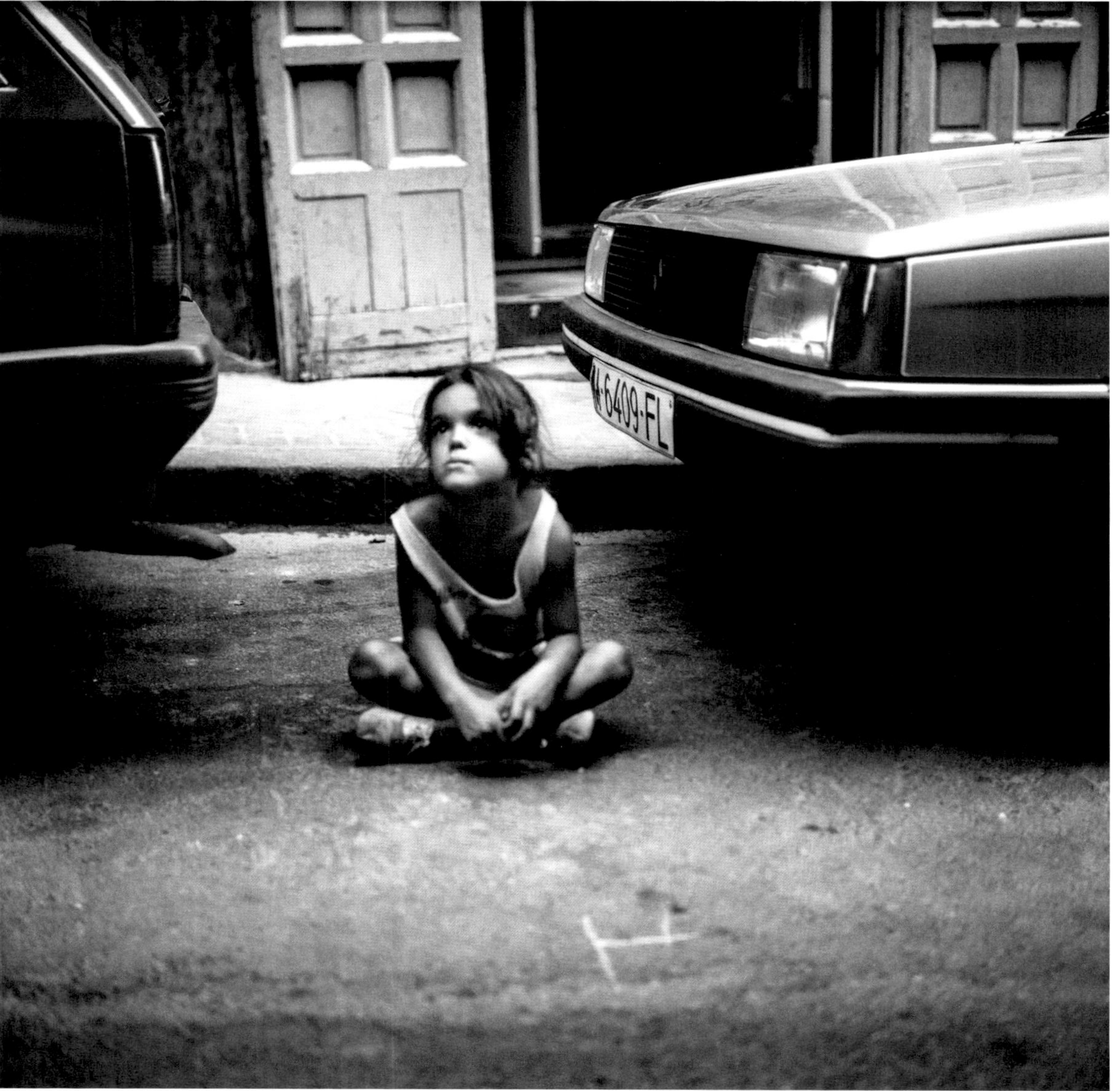

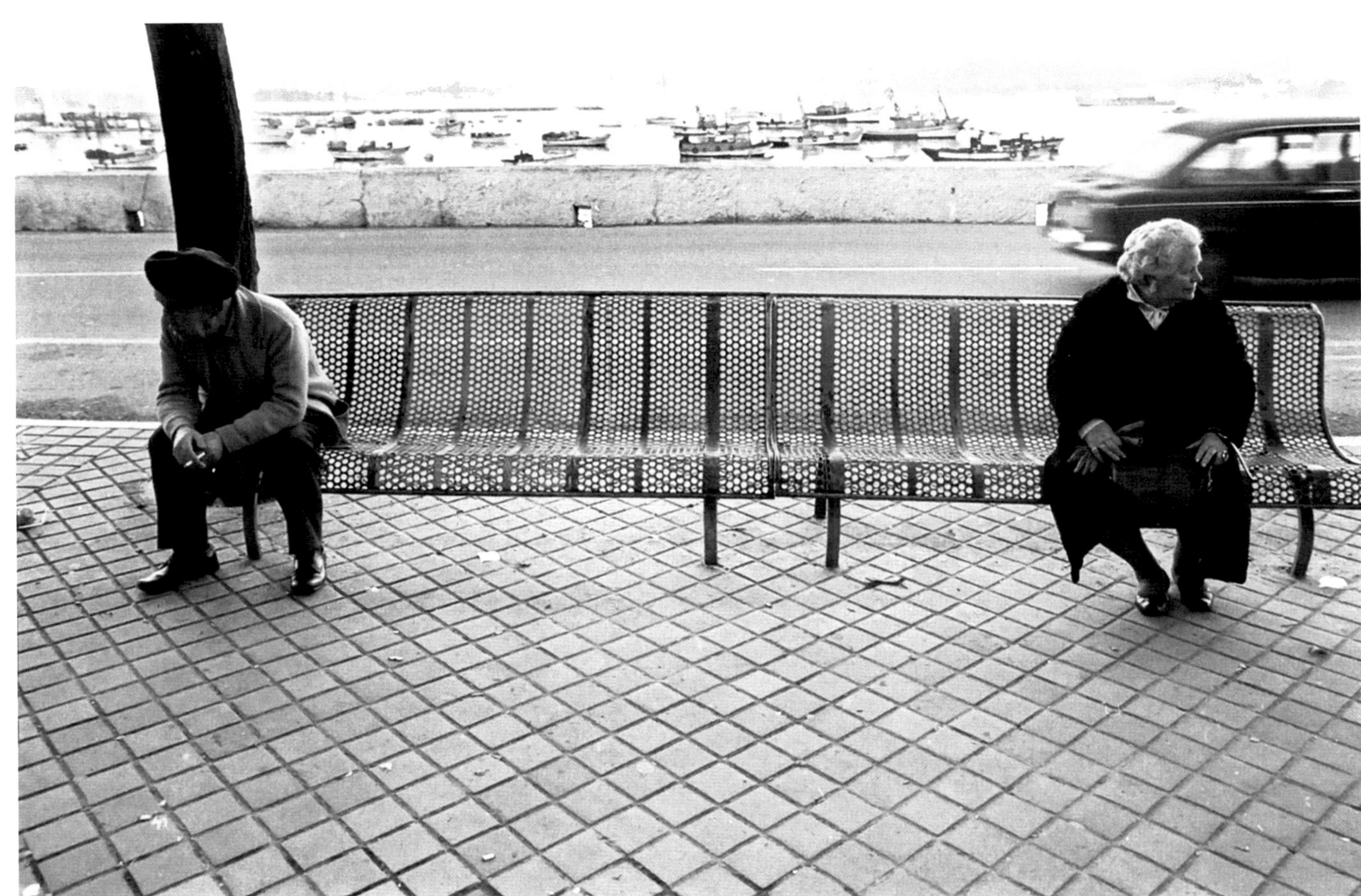

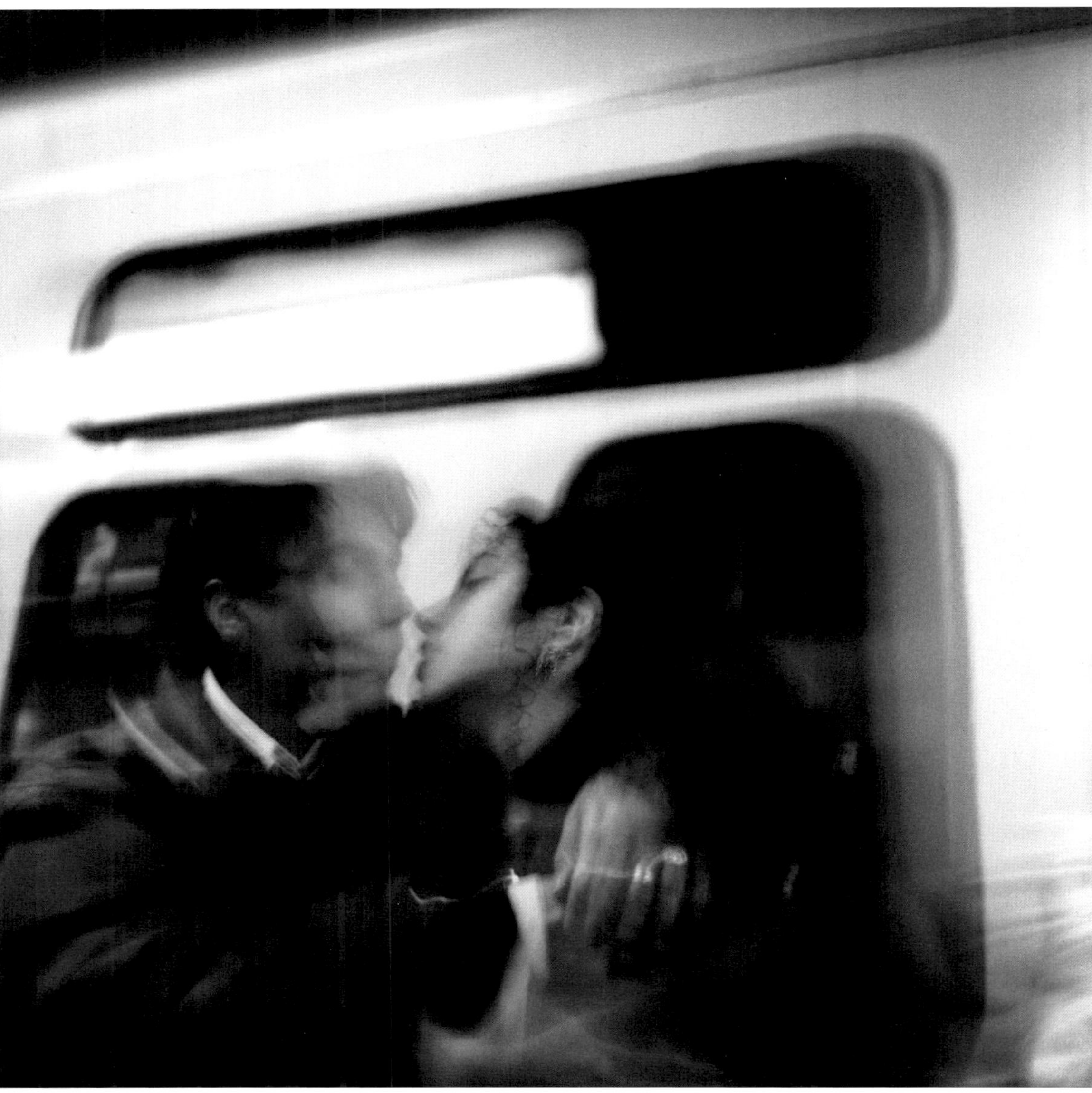

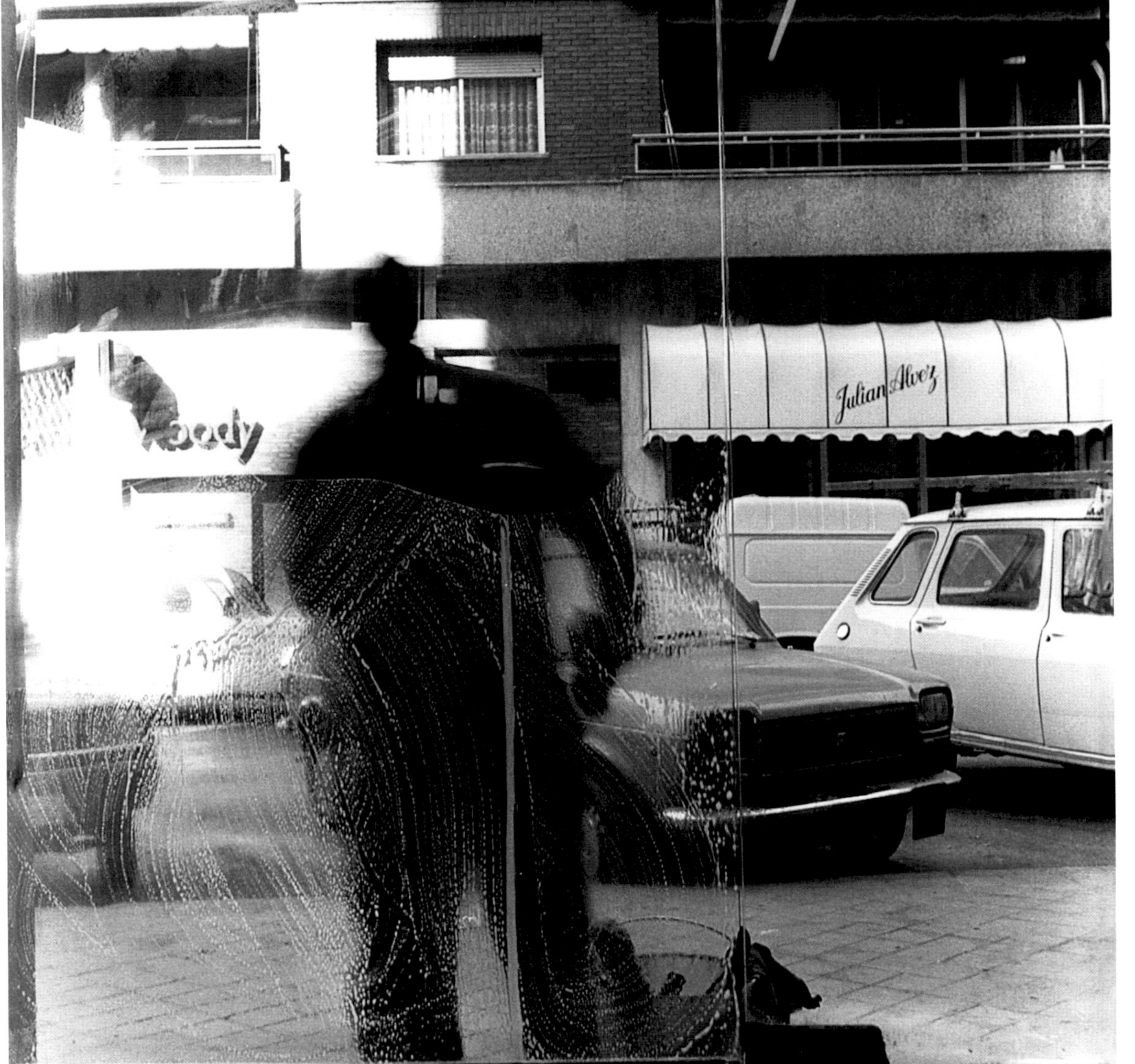
oody
Julian Alvez

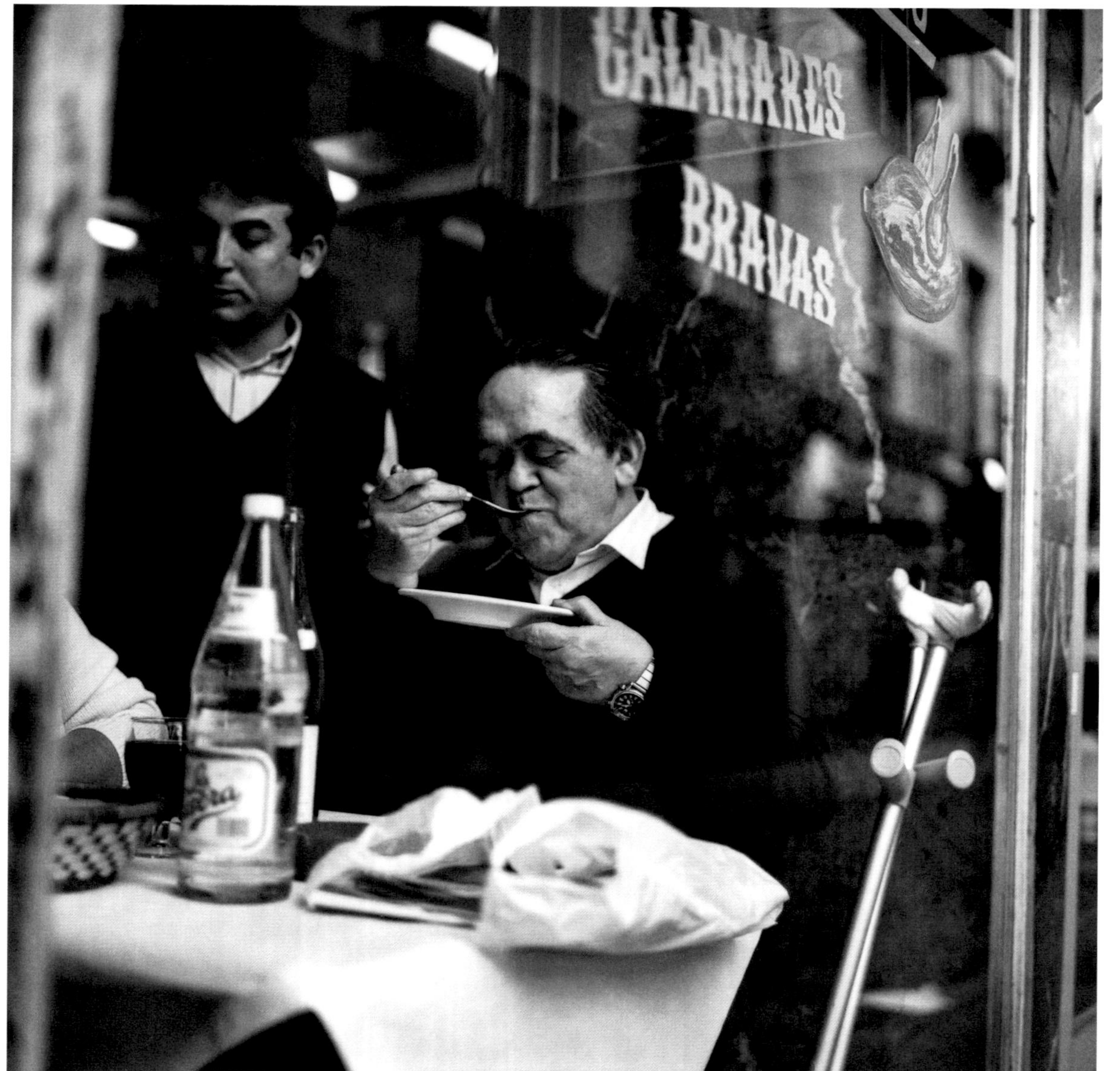

CALAMARES
BRAVAS

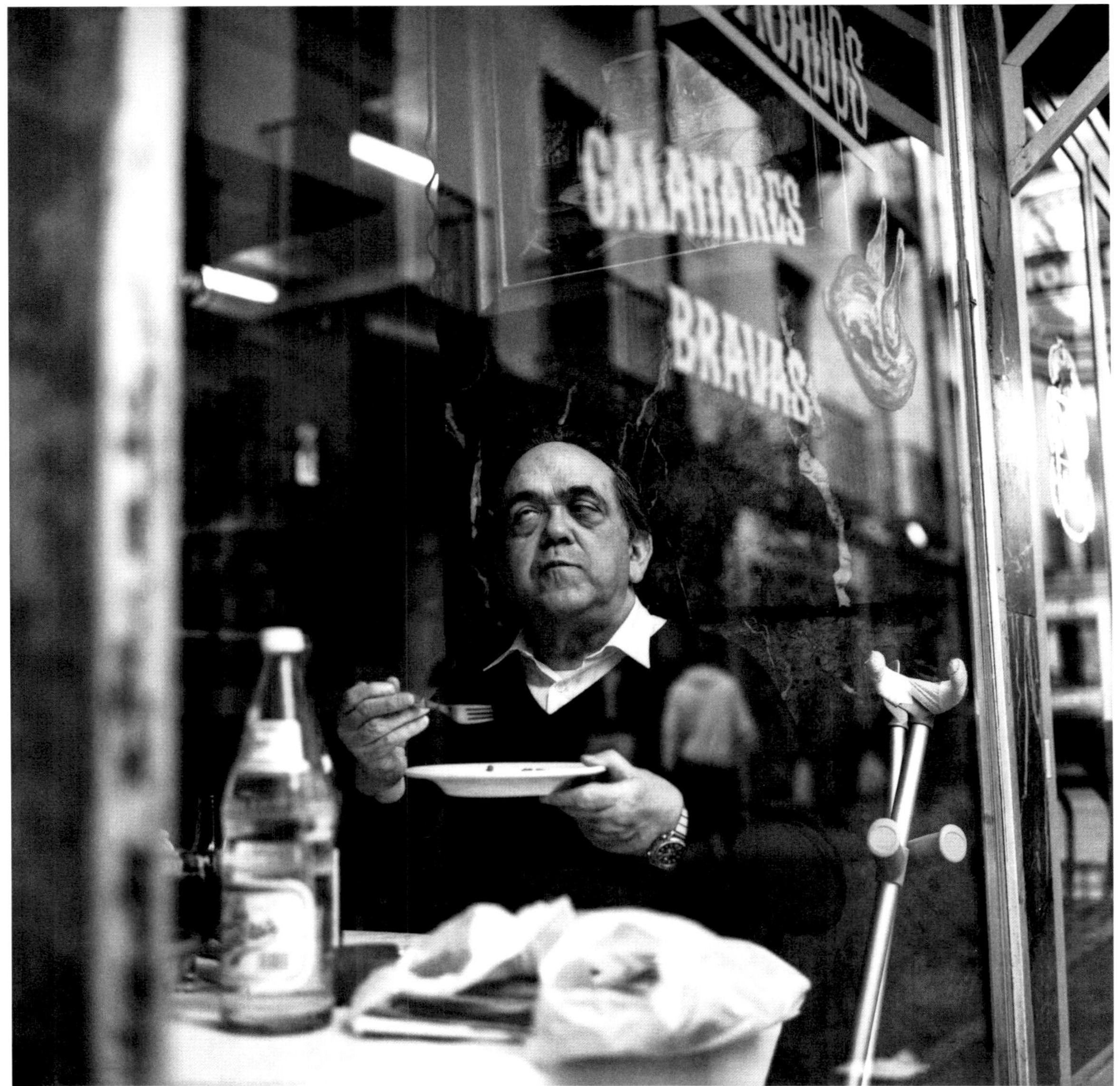
CALAMARES
BRAVAS

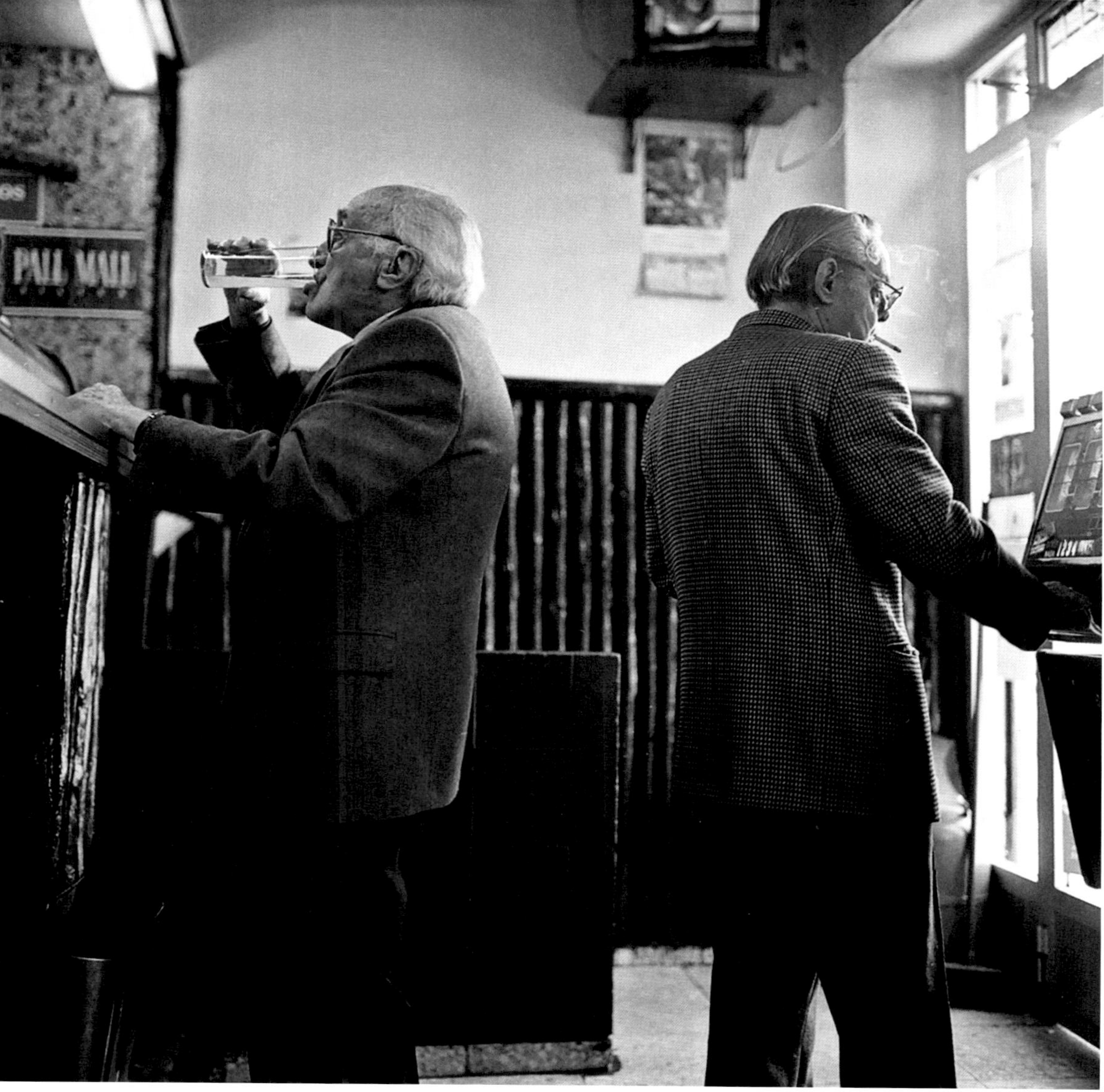

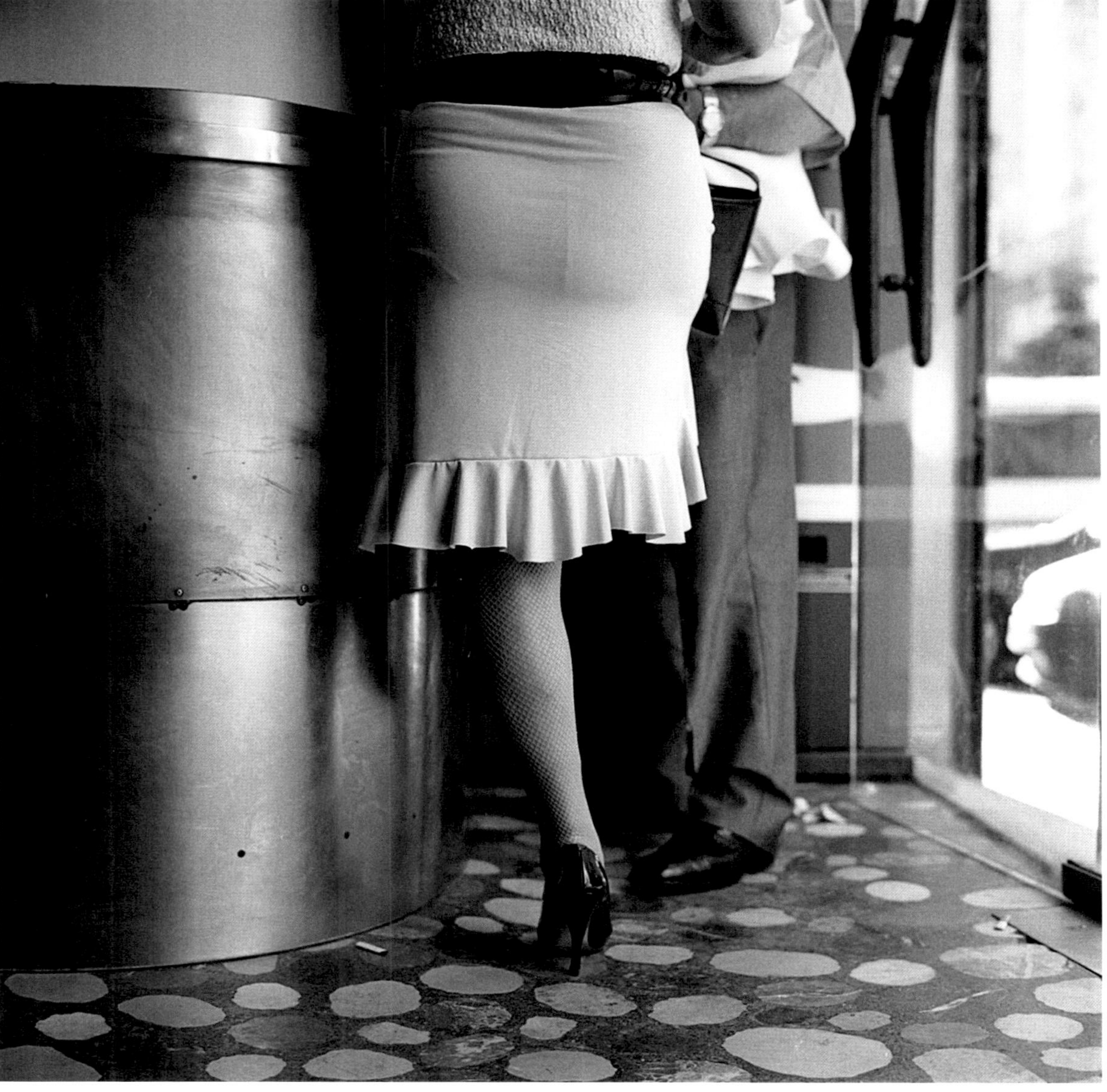

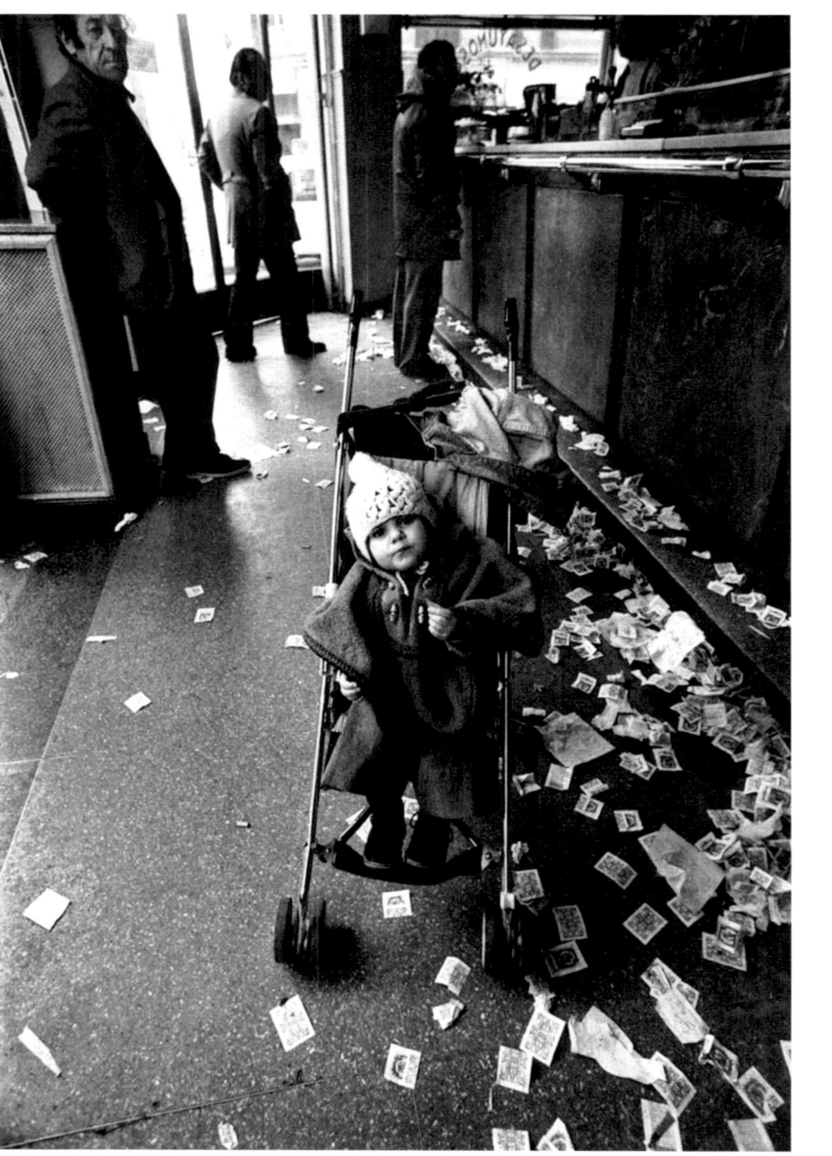

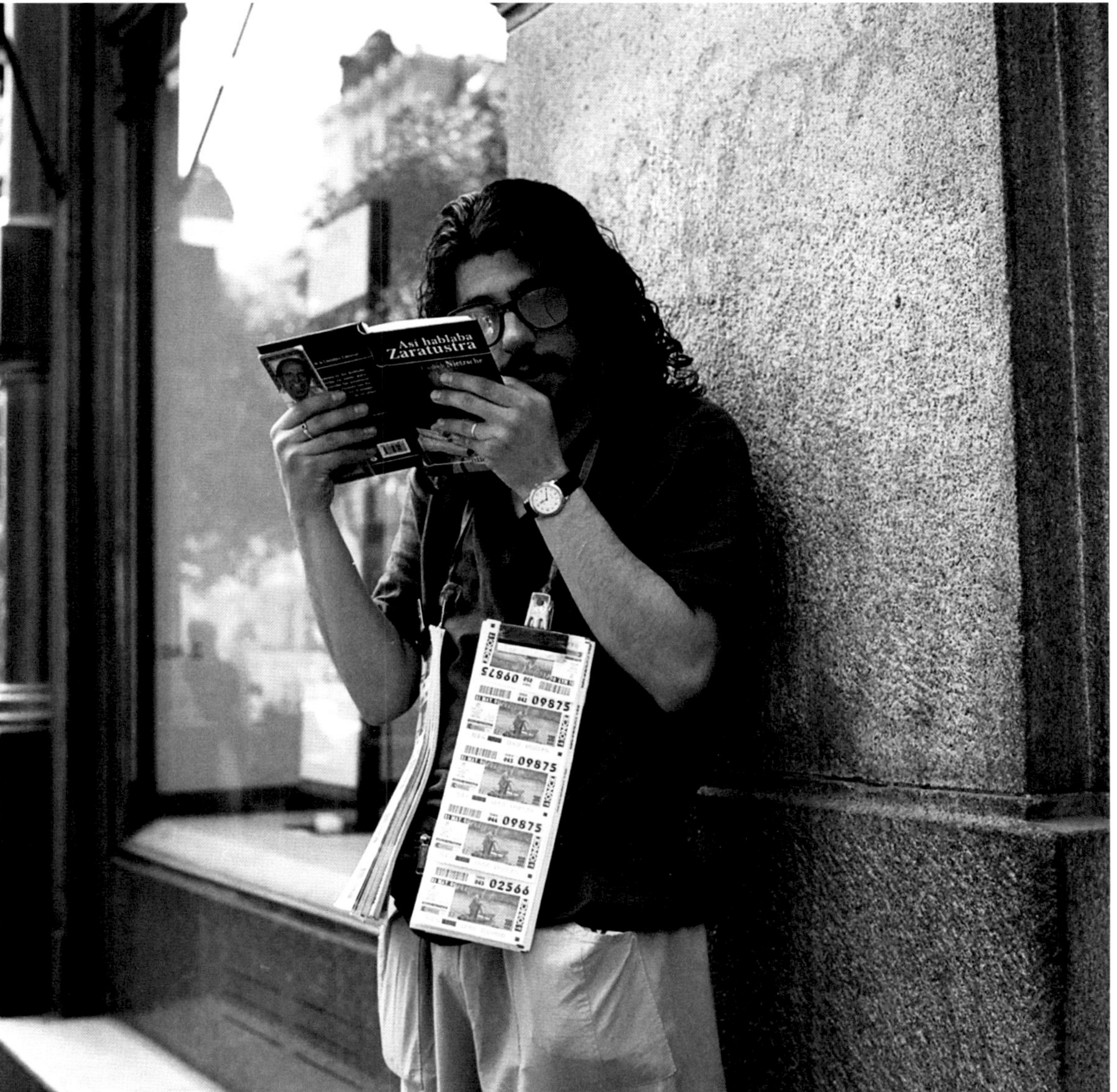

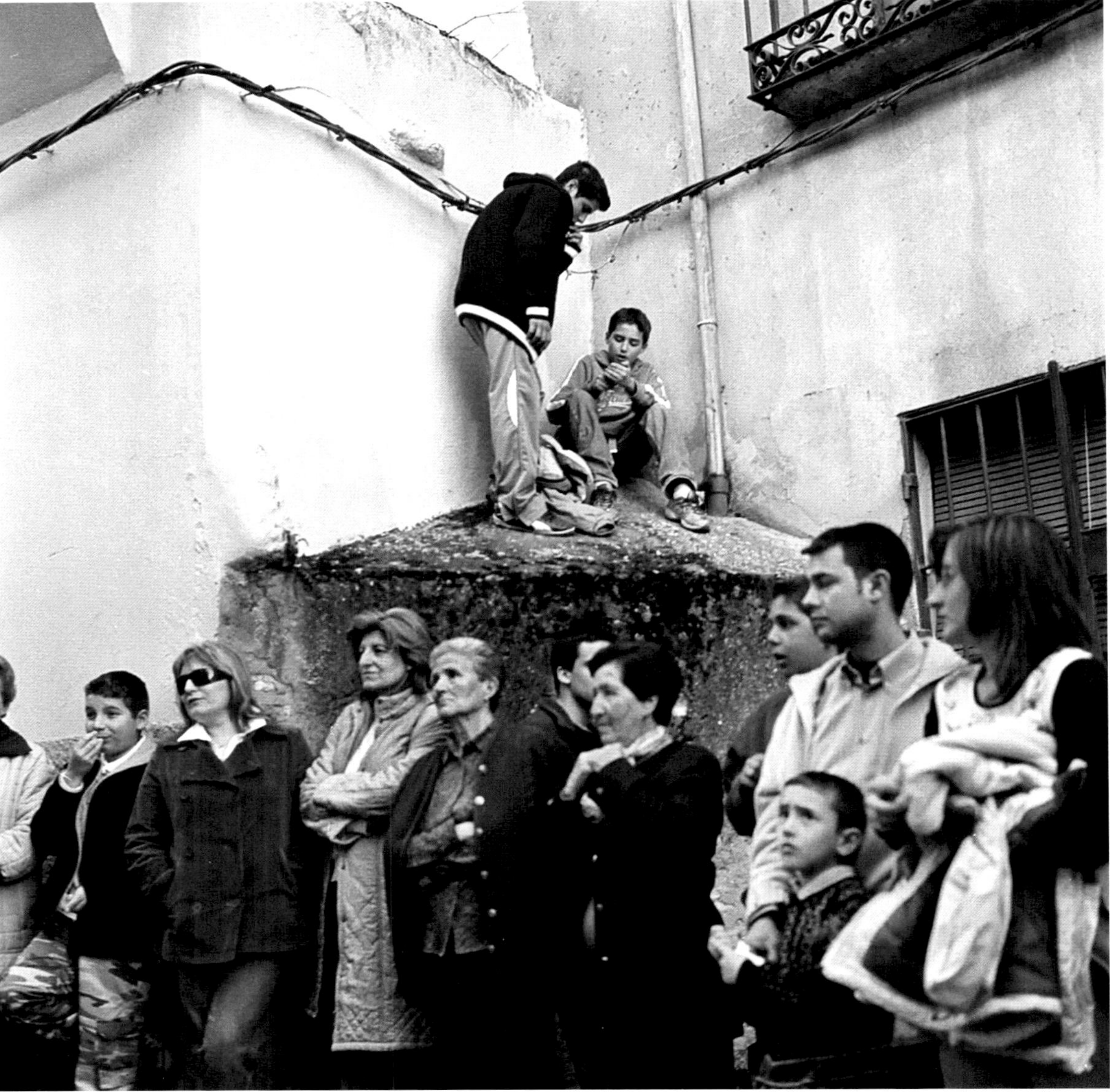

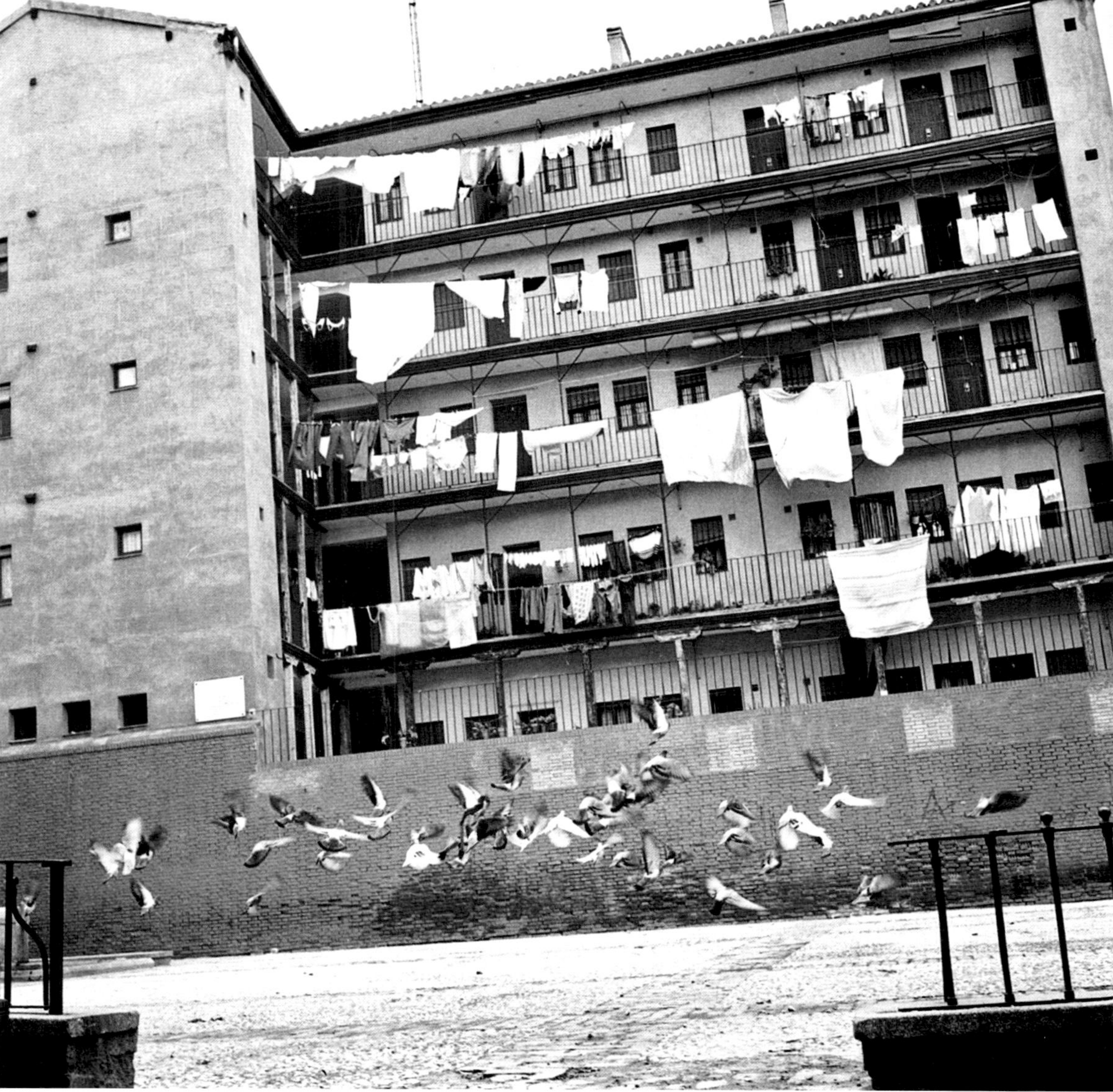

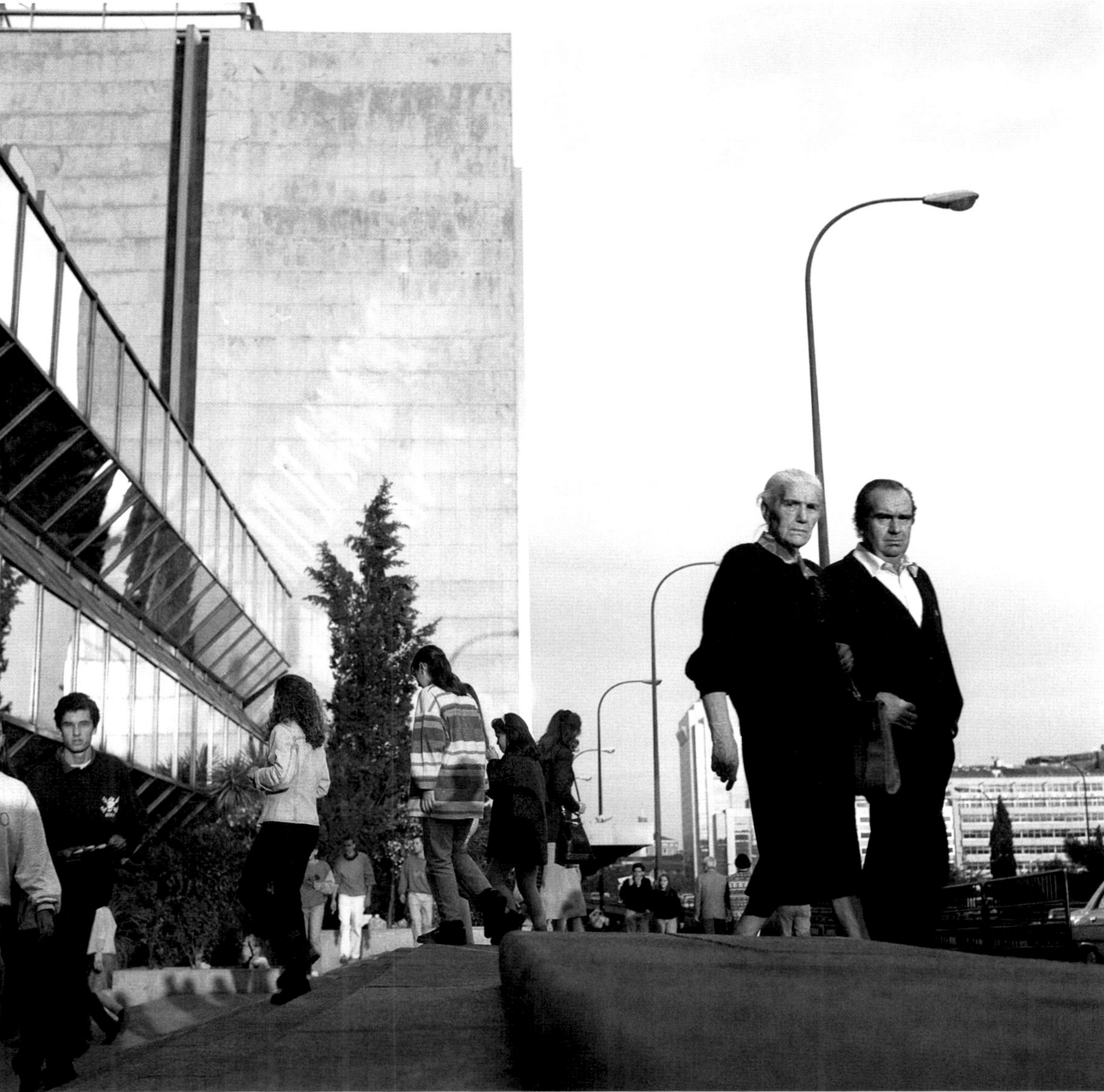

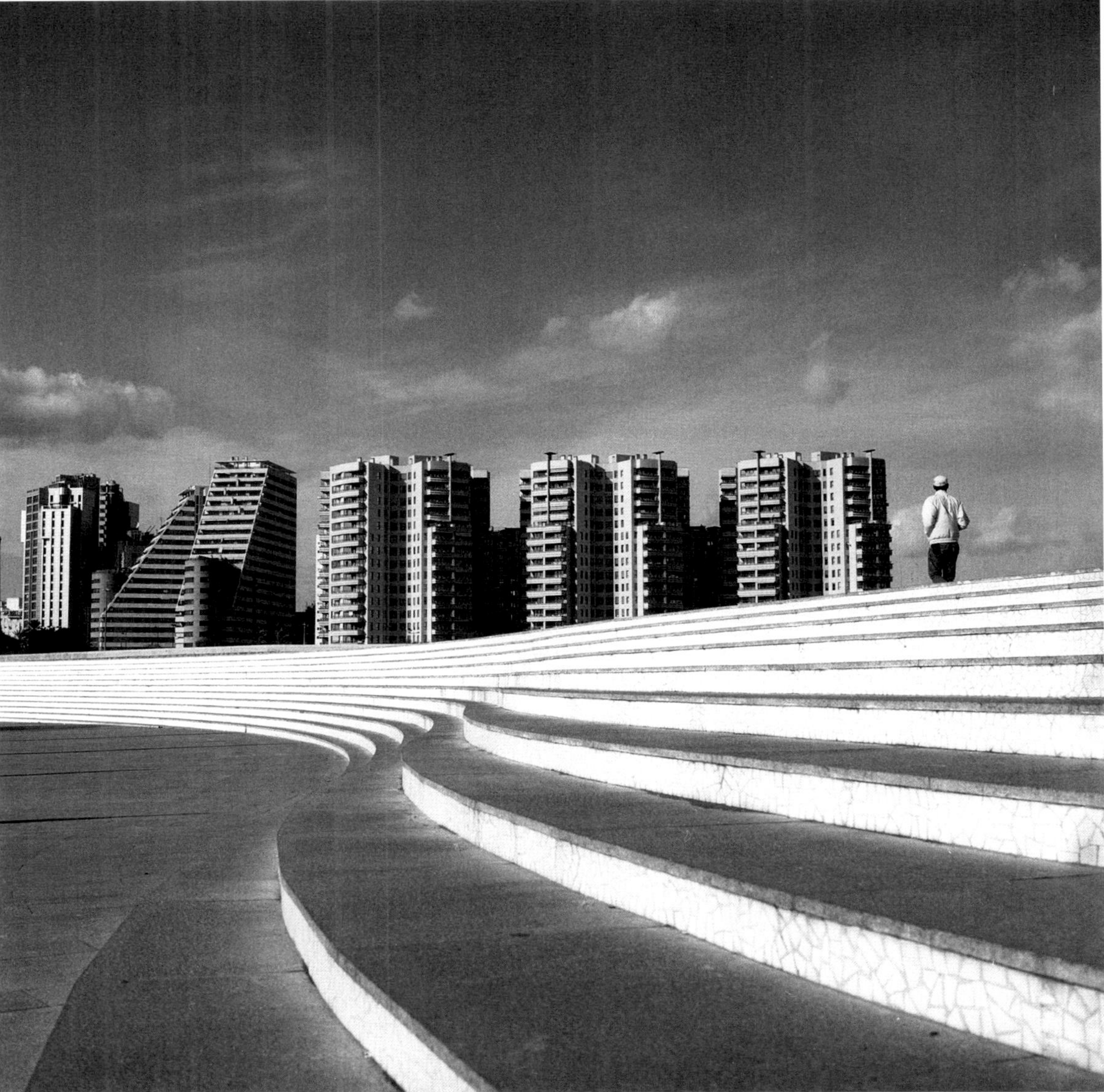

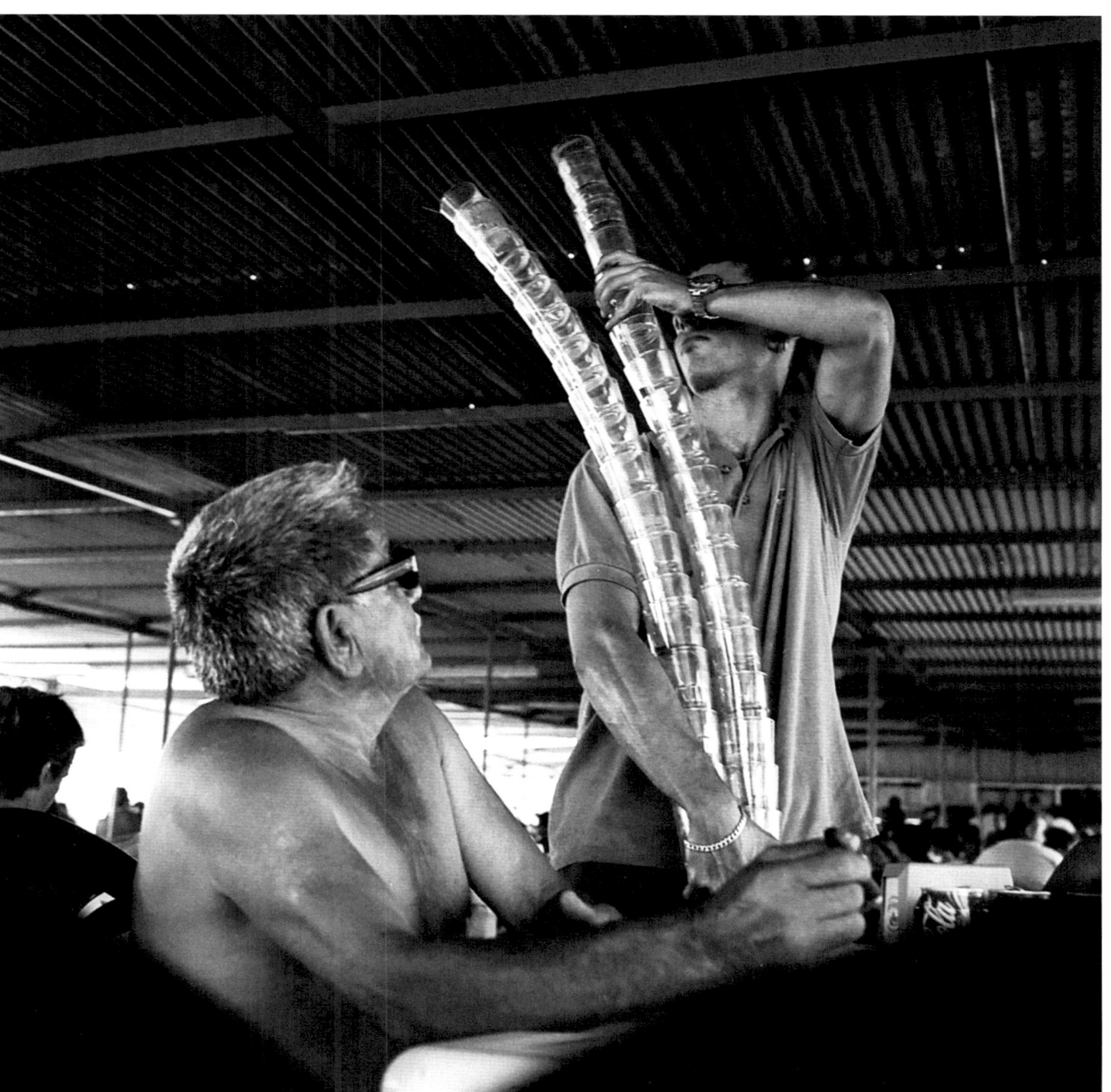

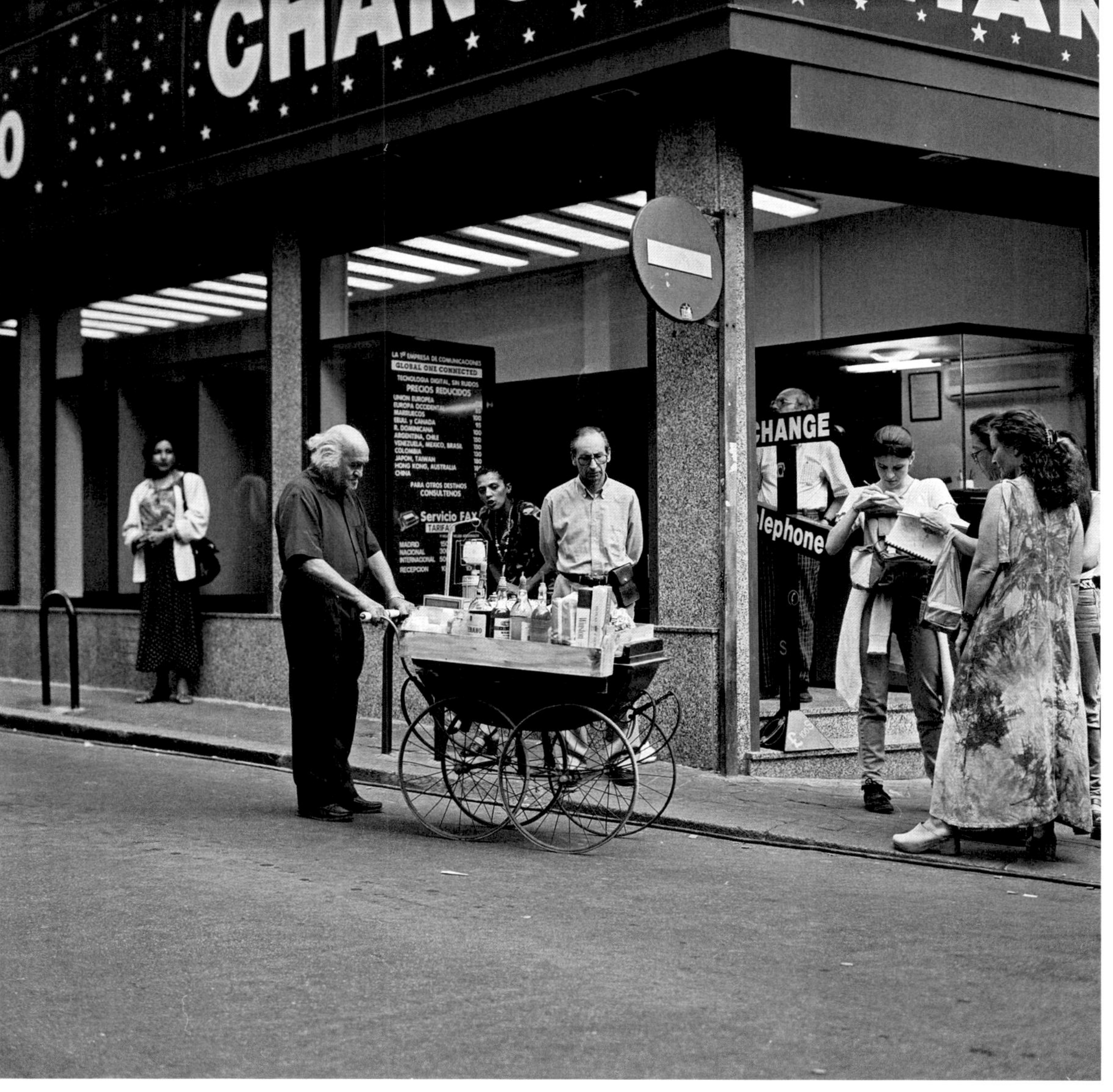
CAMBIO
CHANGE
LA 1ª EMPRESA DE COMUNICACIONES
GLOBAL ONE CONNECTED
TECNOLOGIA DIGITAL, SIN RUIDOS
PRECIOS REDUCIDOS
UNION EUROPEA
EUROPA OCCIDENTAL
MARRUECOS
EEUU. y CANADA
R. DOMINICANA
ARGENTINA, CHILE
VENEZUELA, MEXICO, BRASIL
COLOMBIA
JAPON, TAIWAN
HONG KONG, AUSTRALIA
CHINA
PARA OTROS DESTINOS
CONSULTENOS
Servicio FAX
TARIFAS
MADRID
NACIONAL
INTERNACIONAL
RECEPCION
CHANGE
Telephone

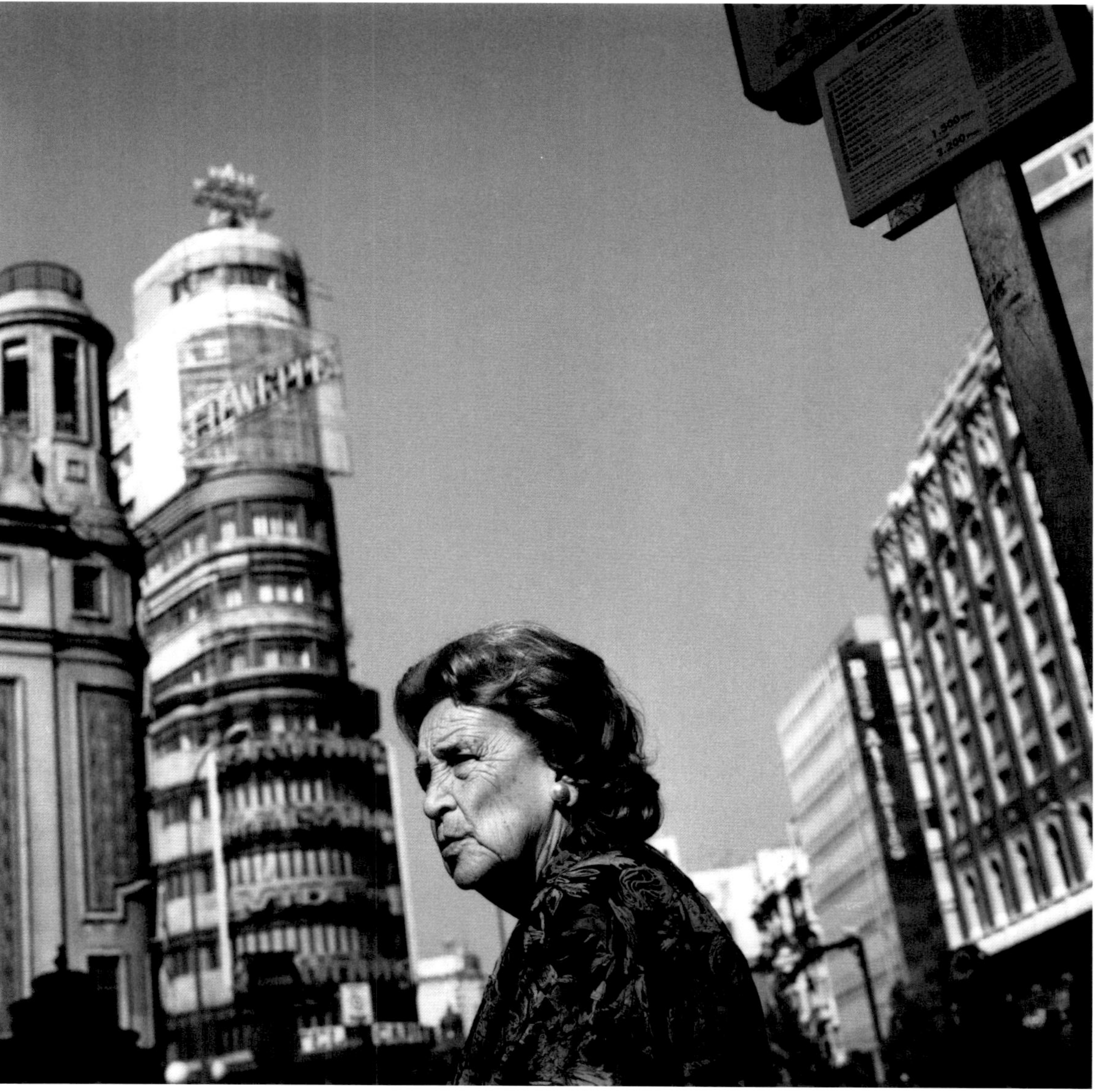

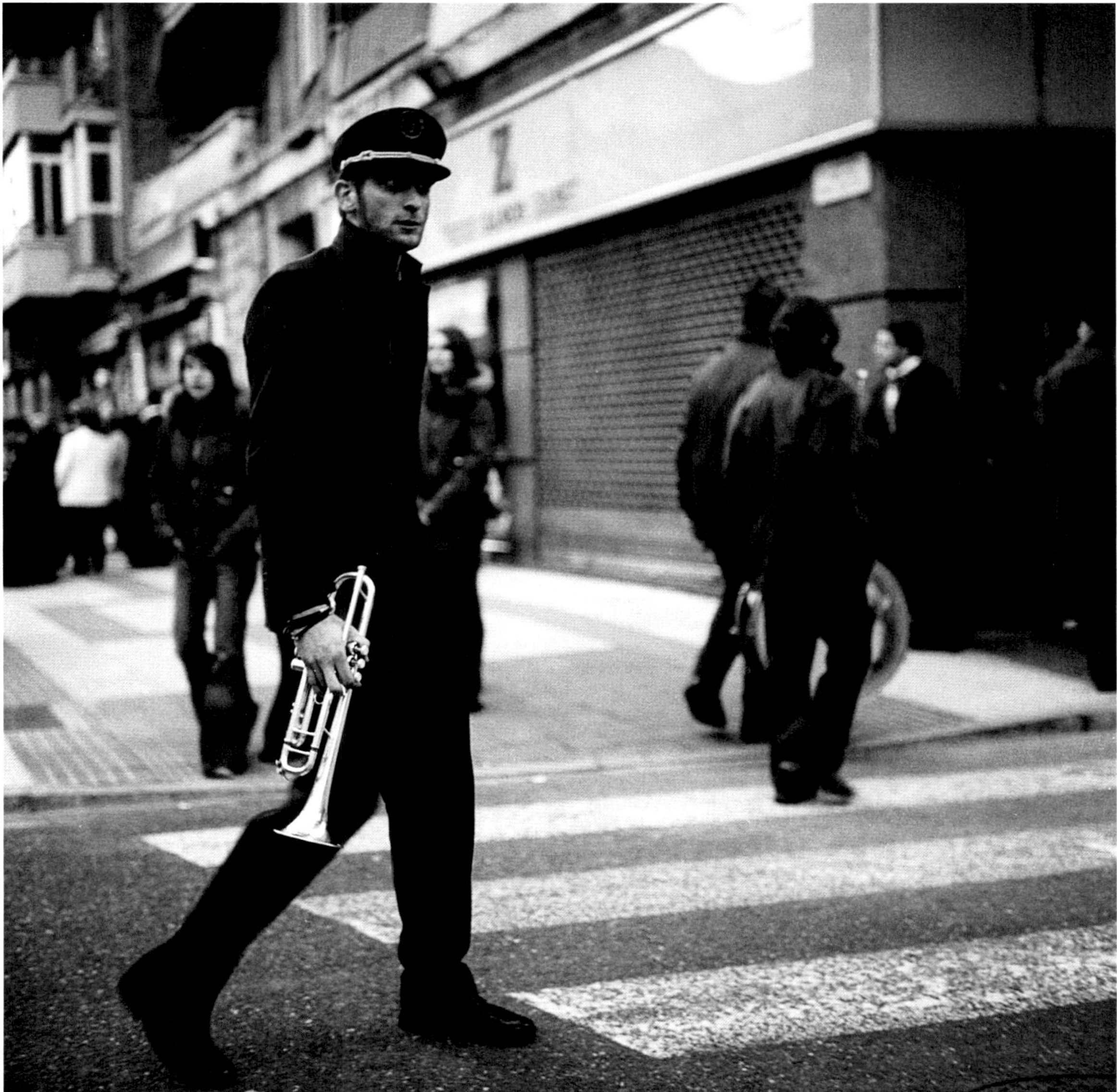

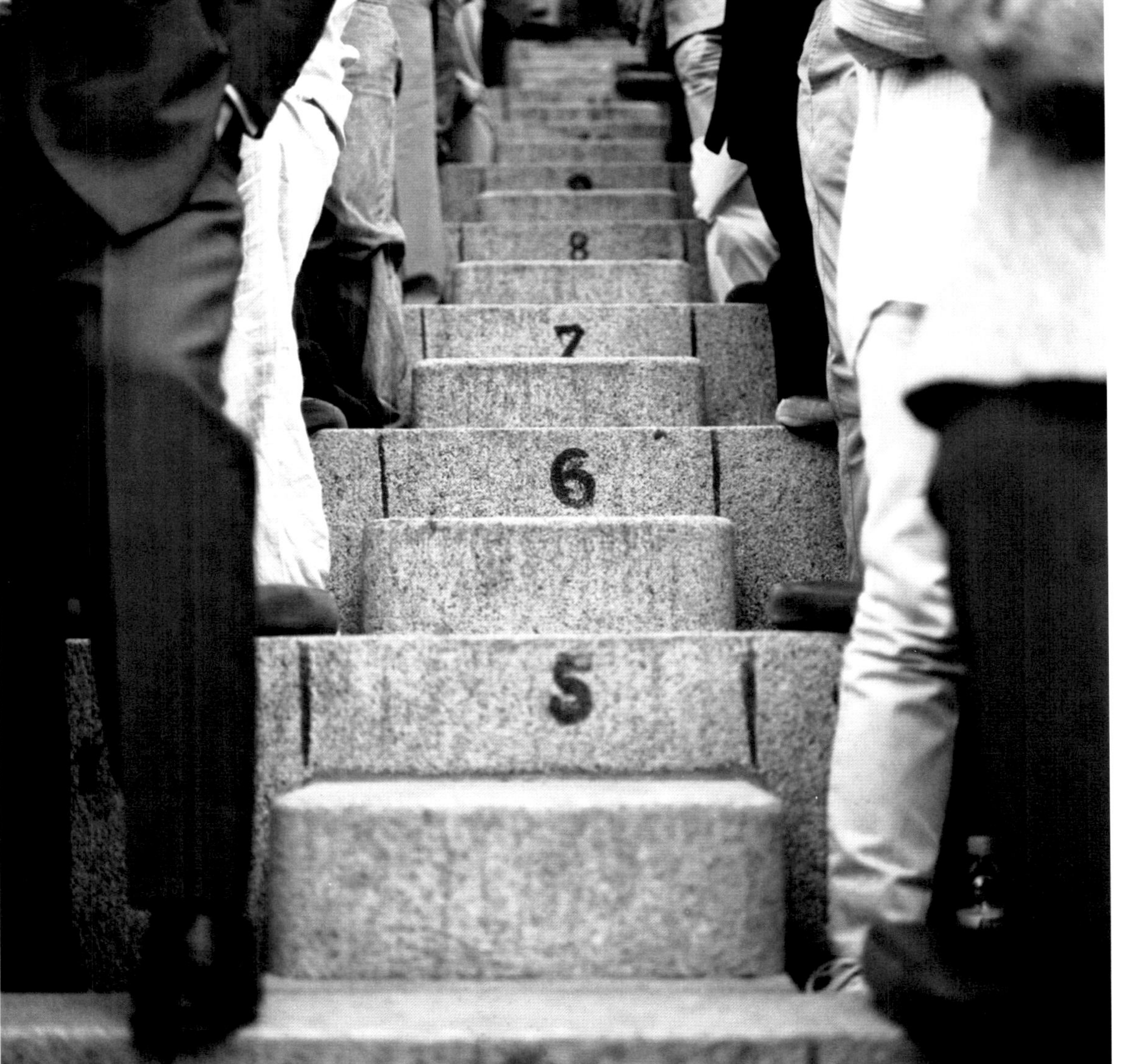

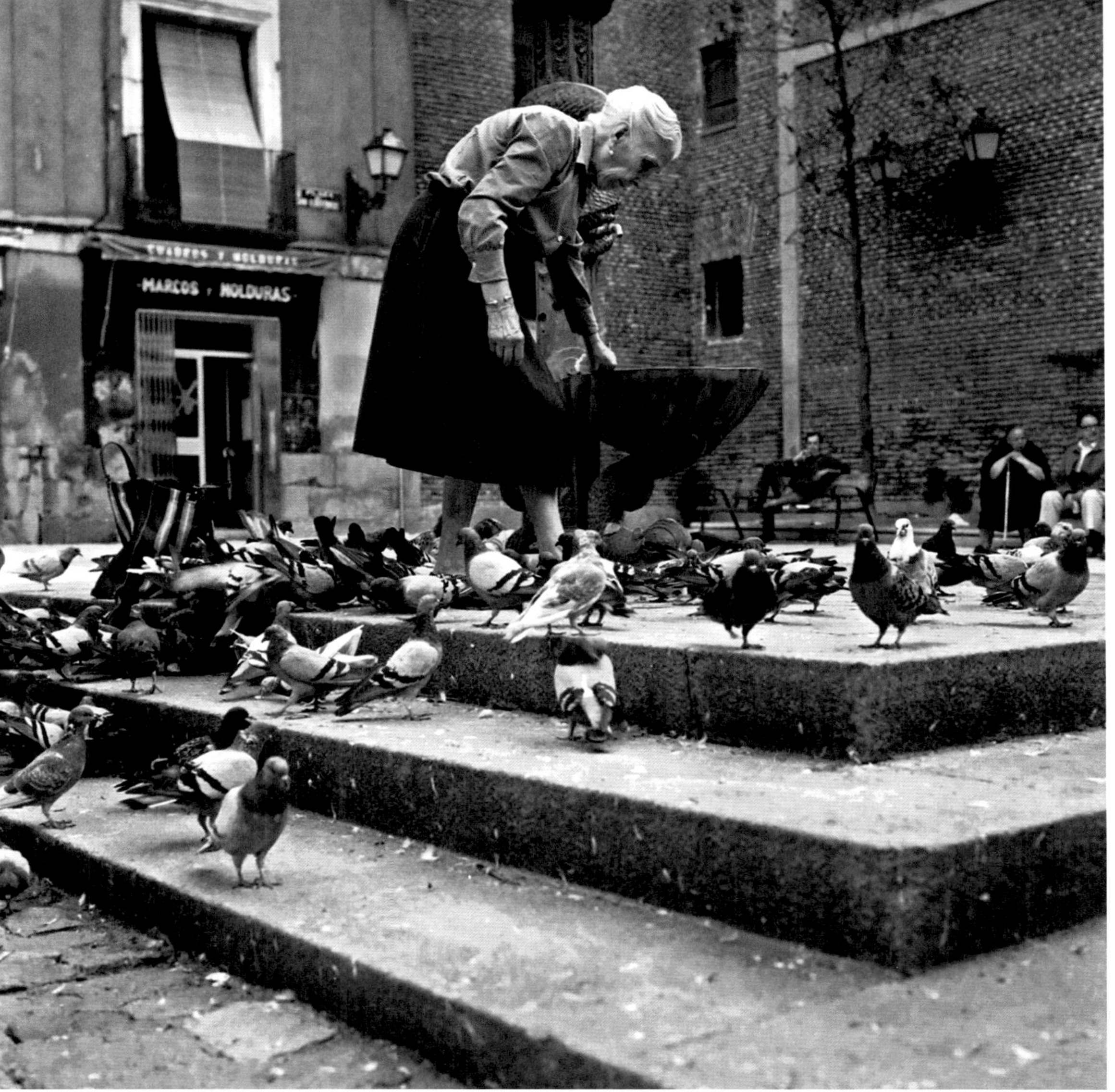
CUADROS Y MOLDURAS
MARCOS Y MOLDURAS

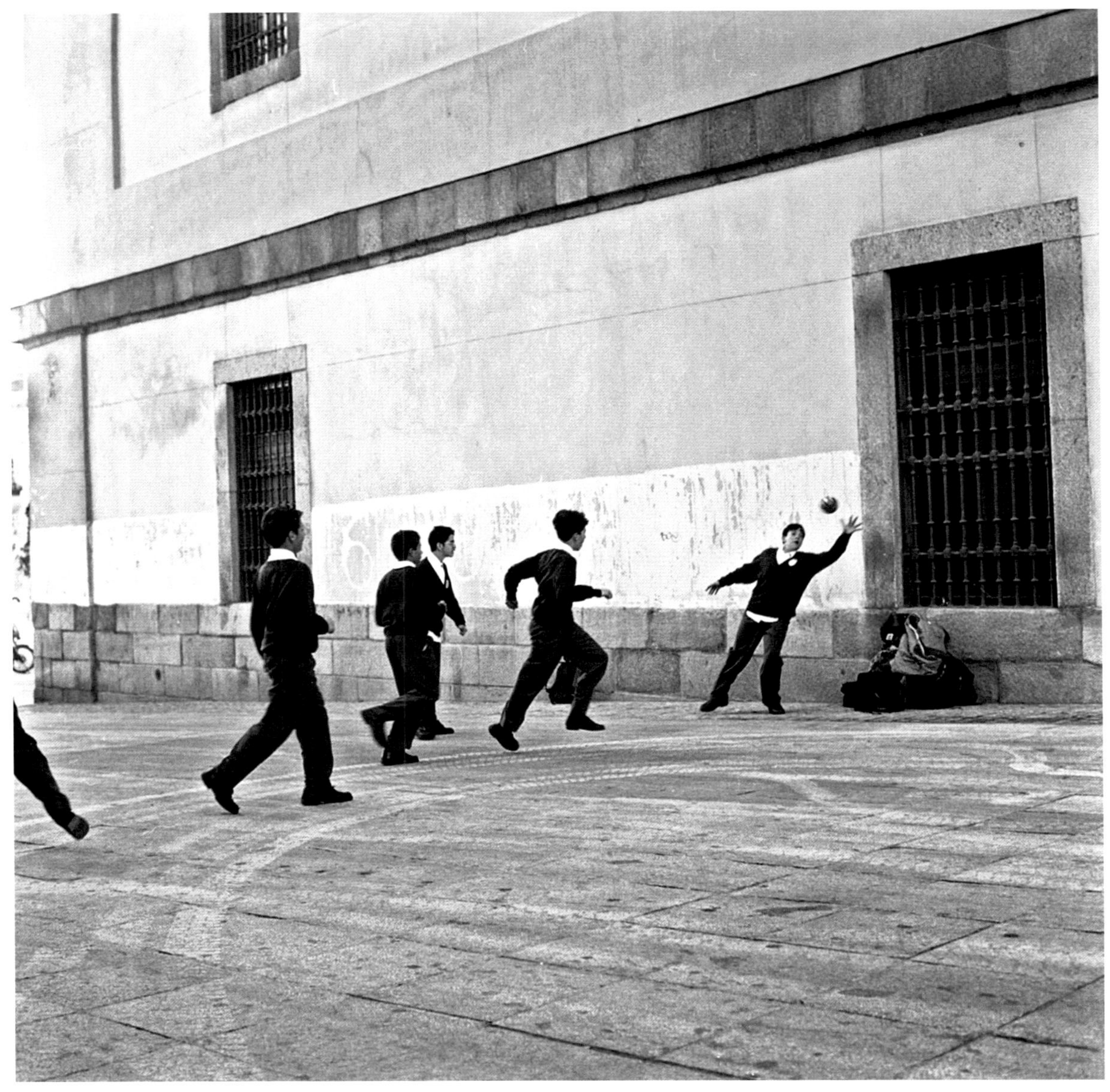

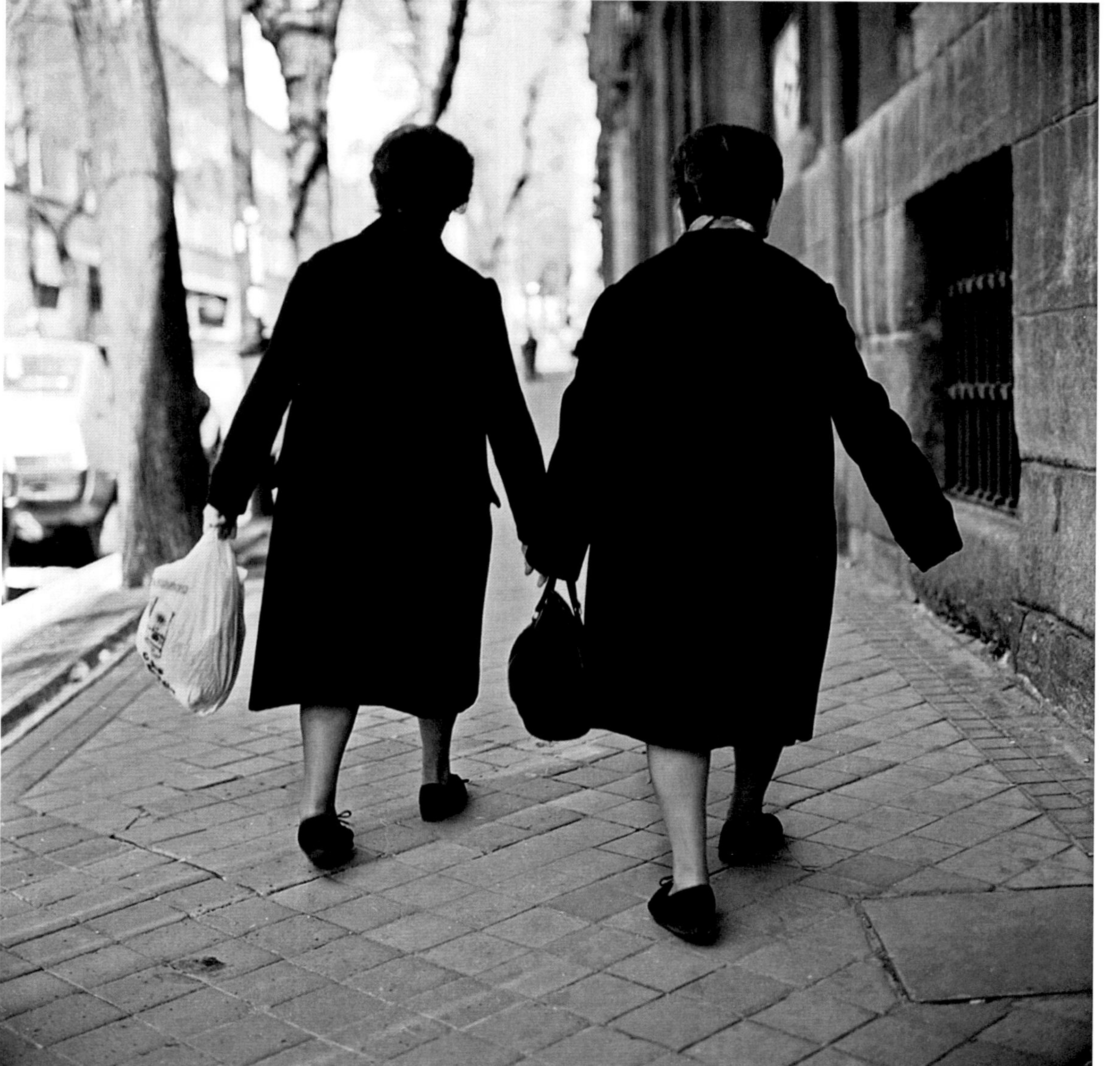

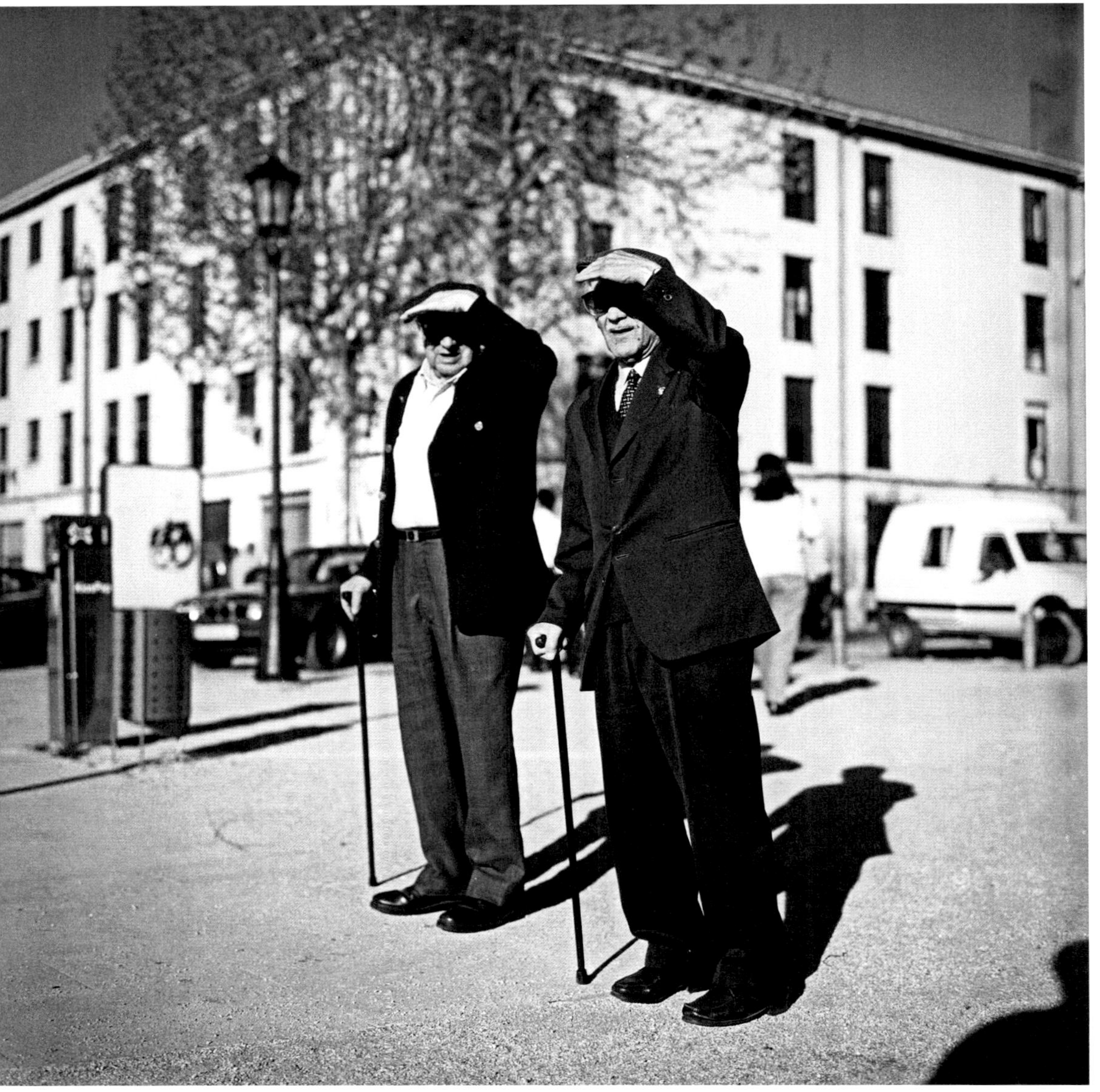

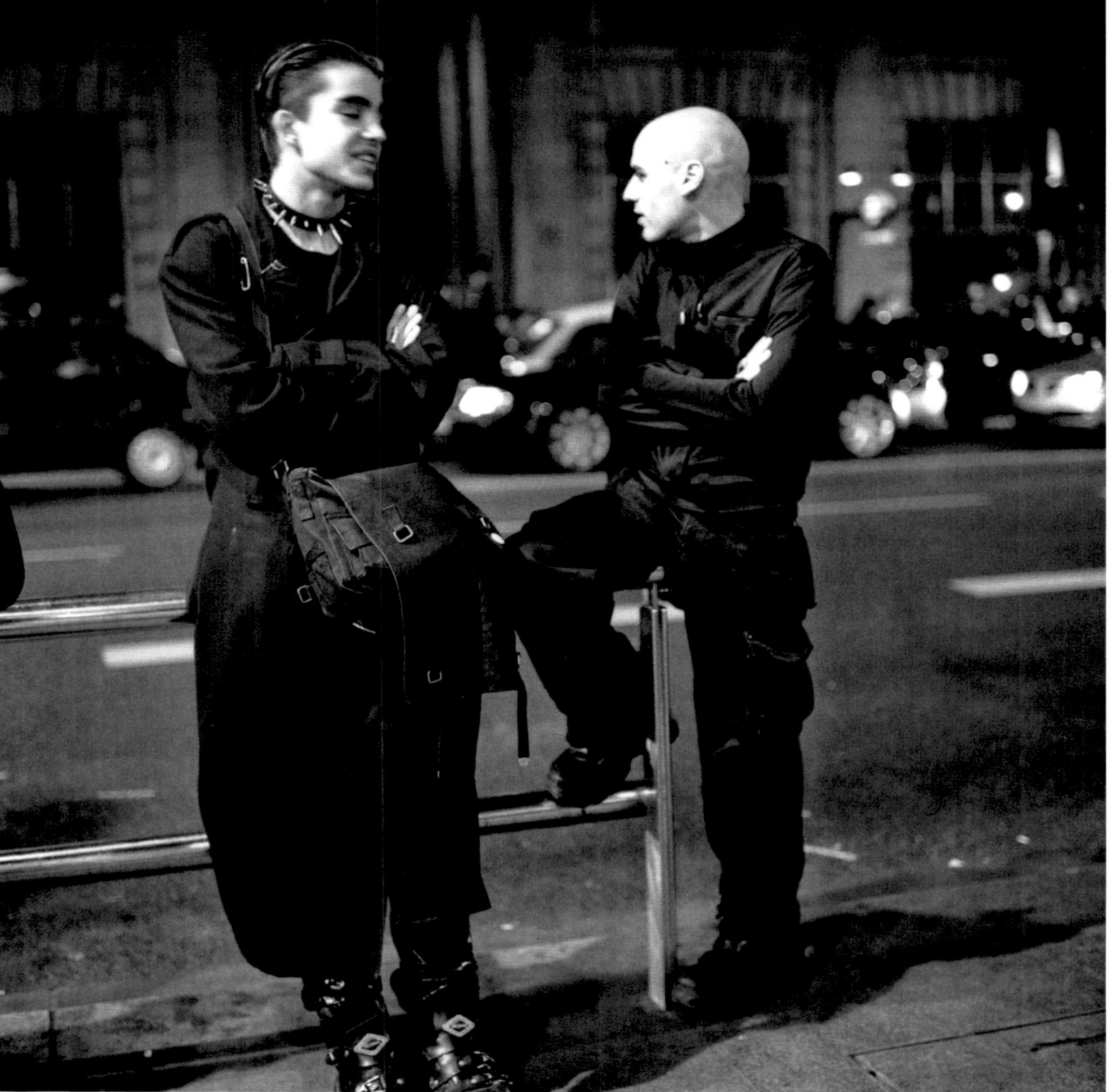

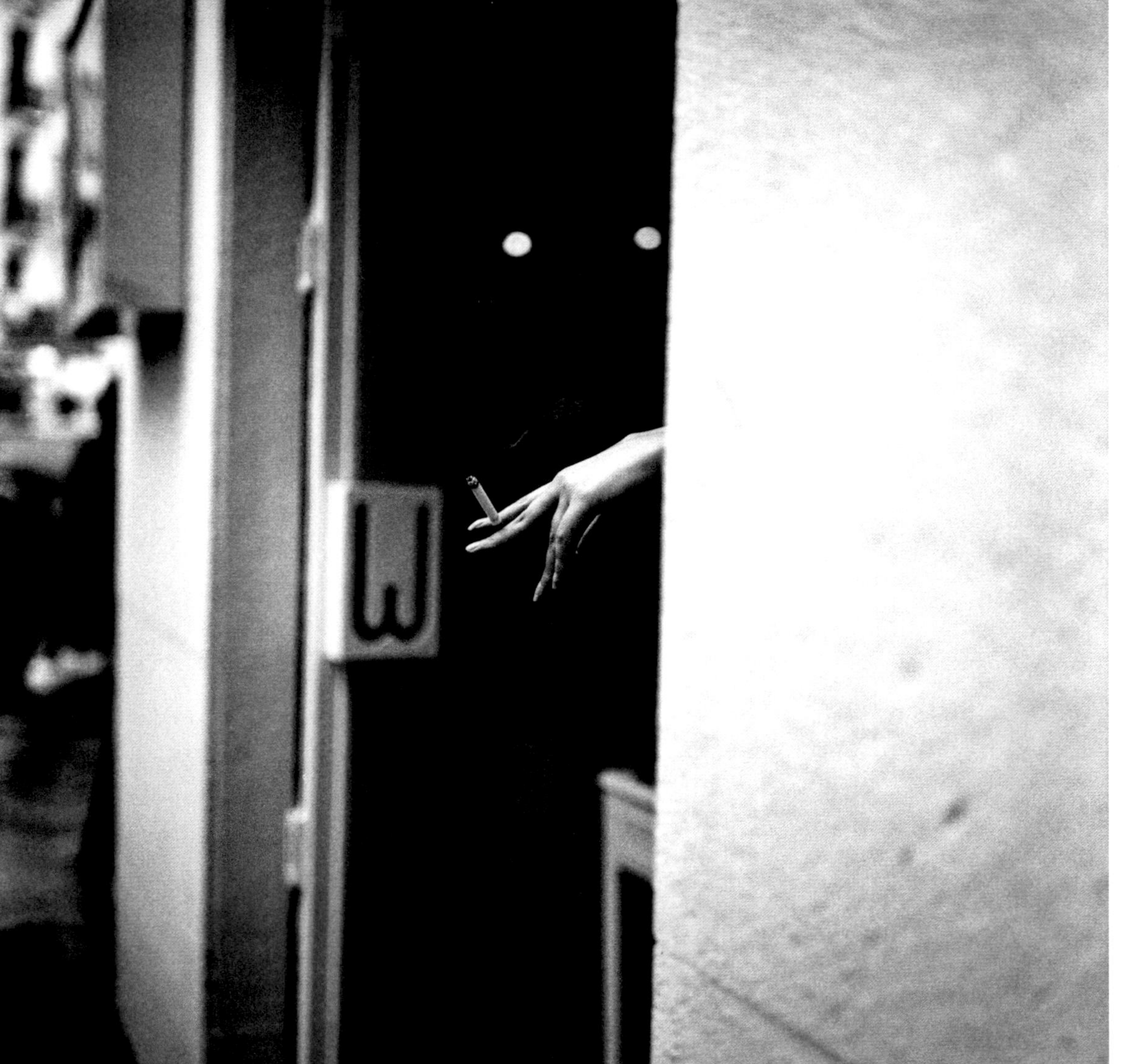

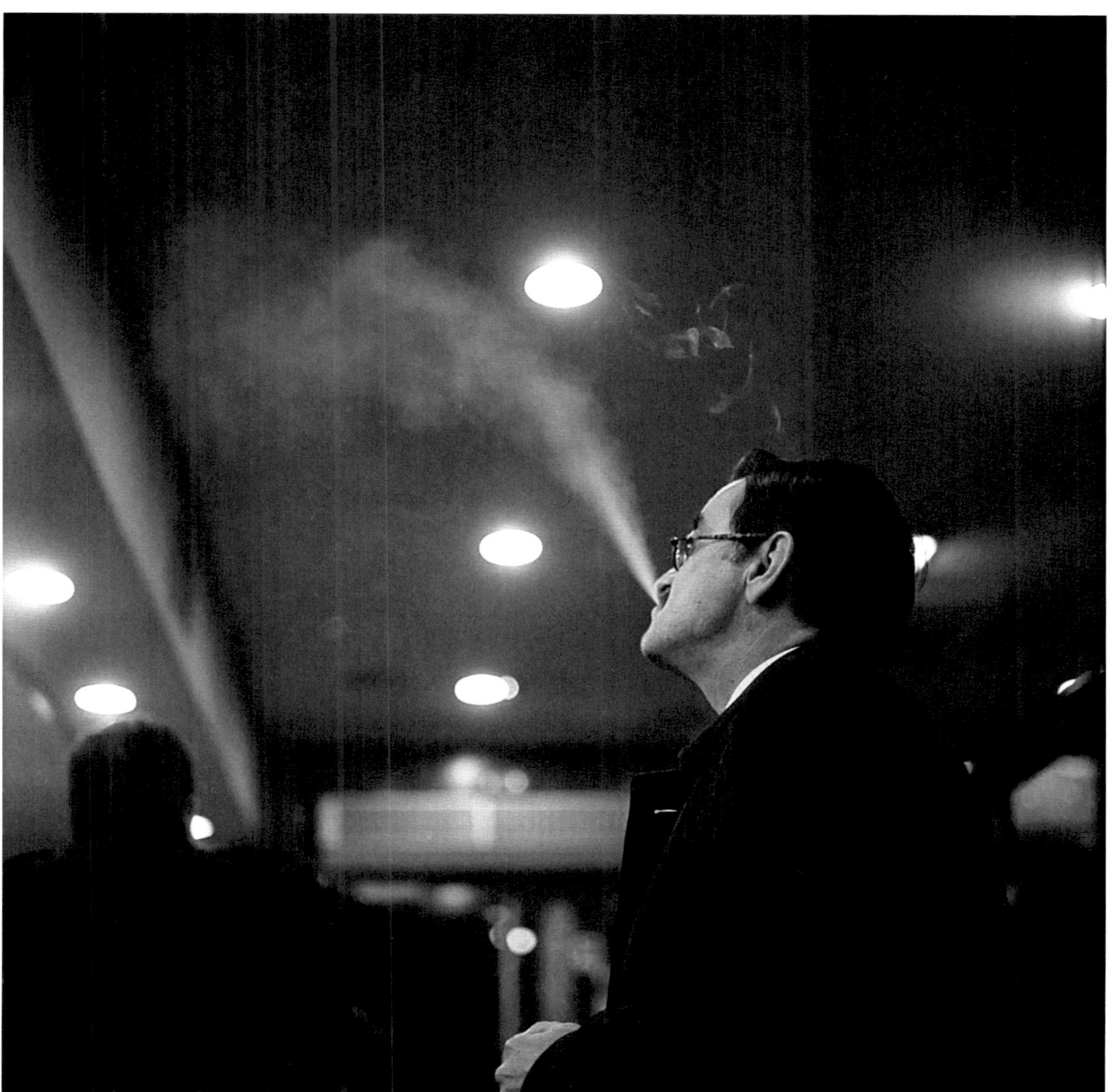

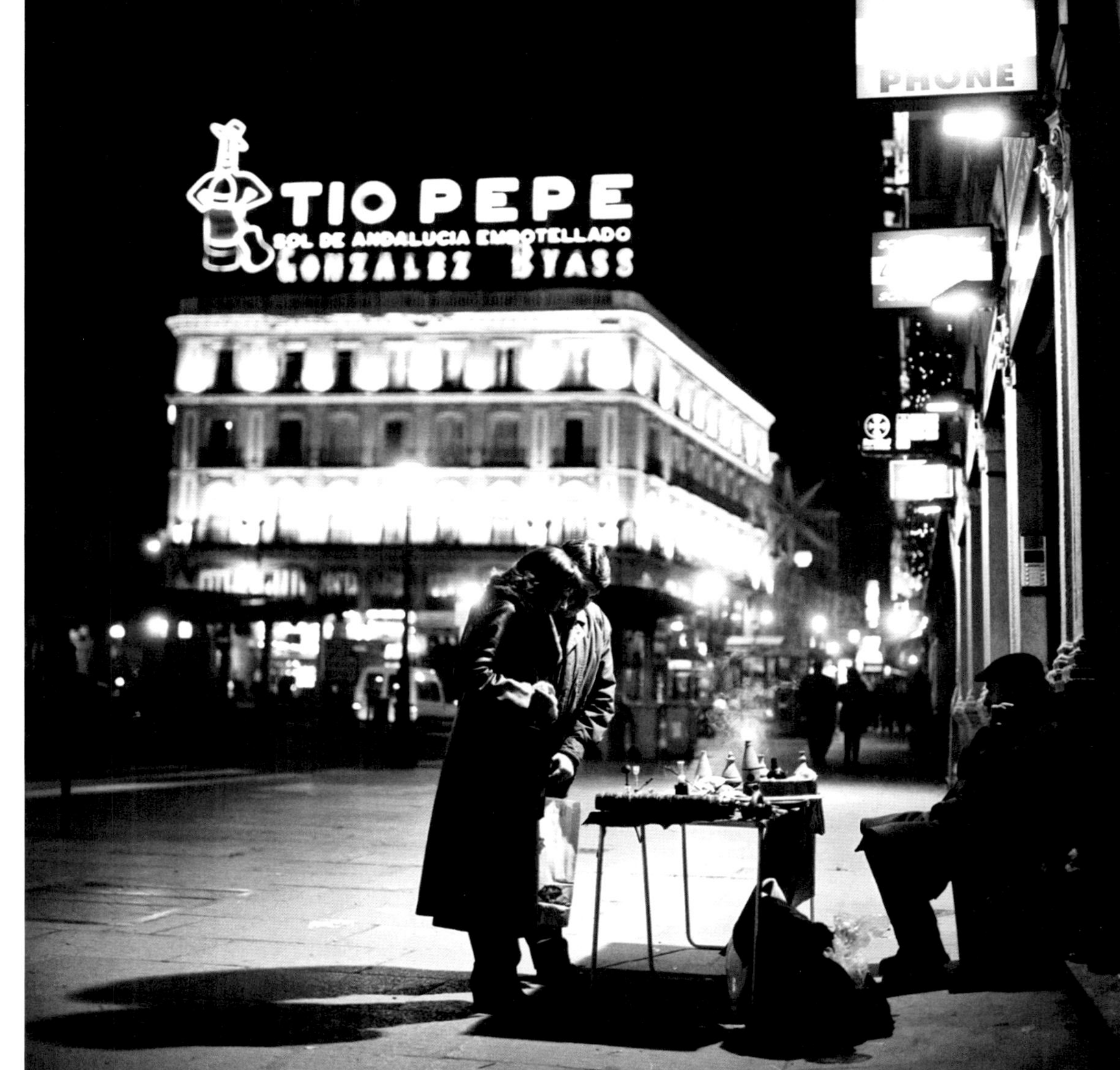

TIO PEPE
SOL DE ANDALUCIA EMBOTELLADO
GONZALEZ BYASS
PHONE

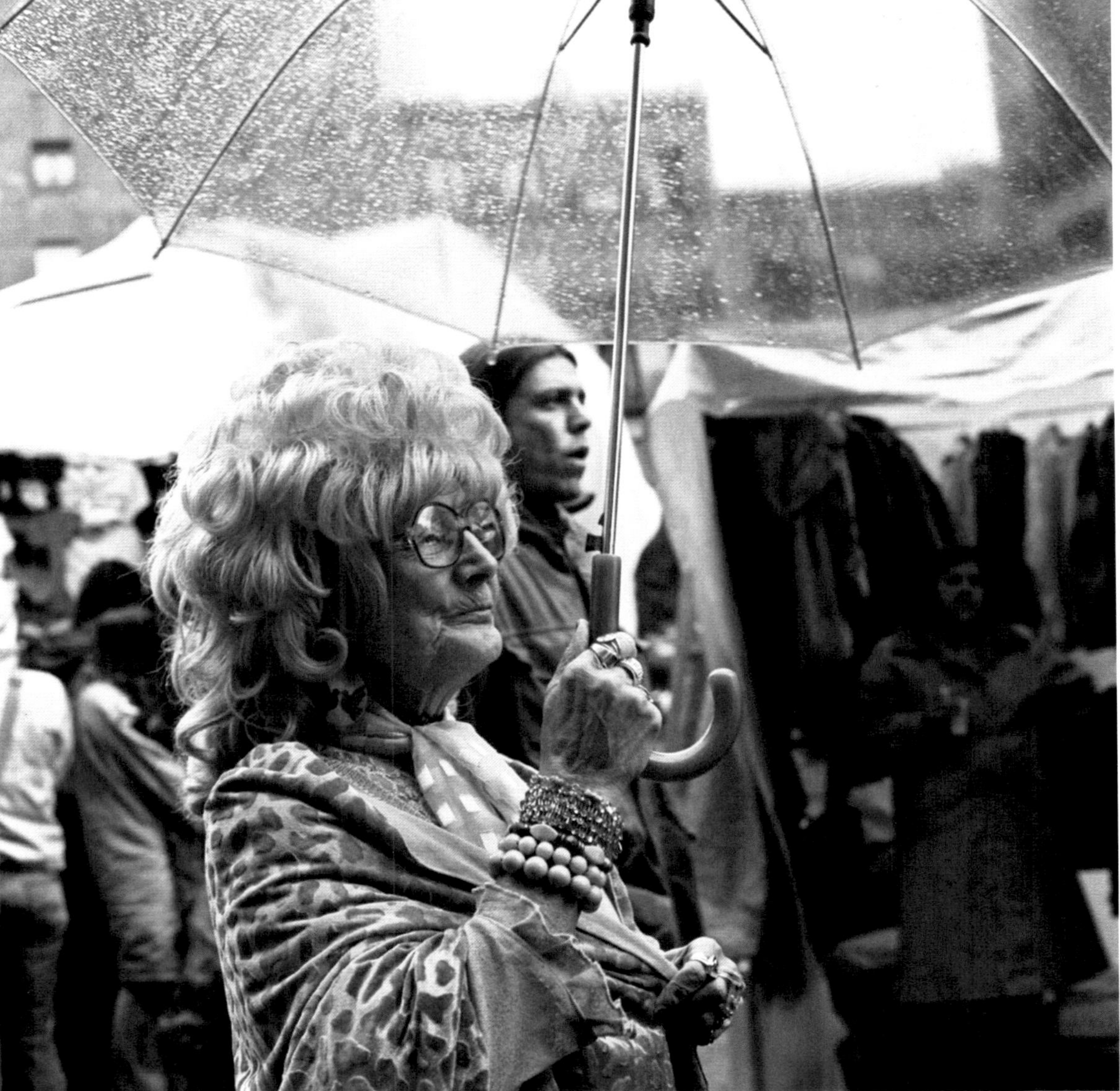

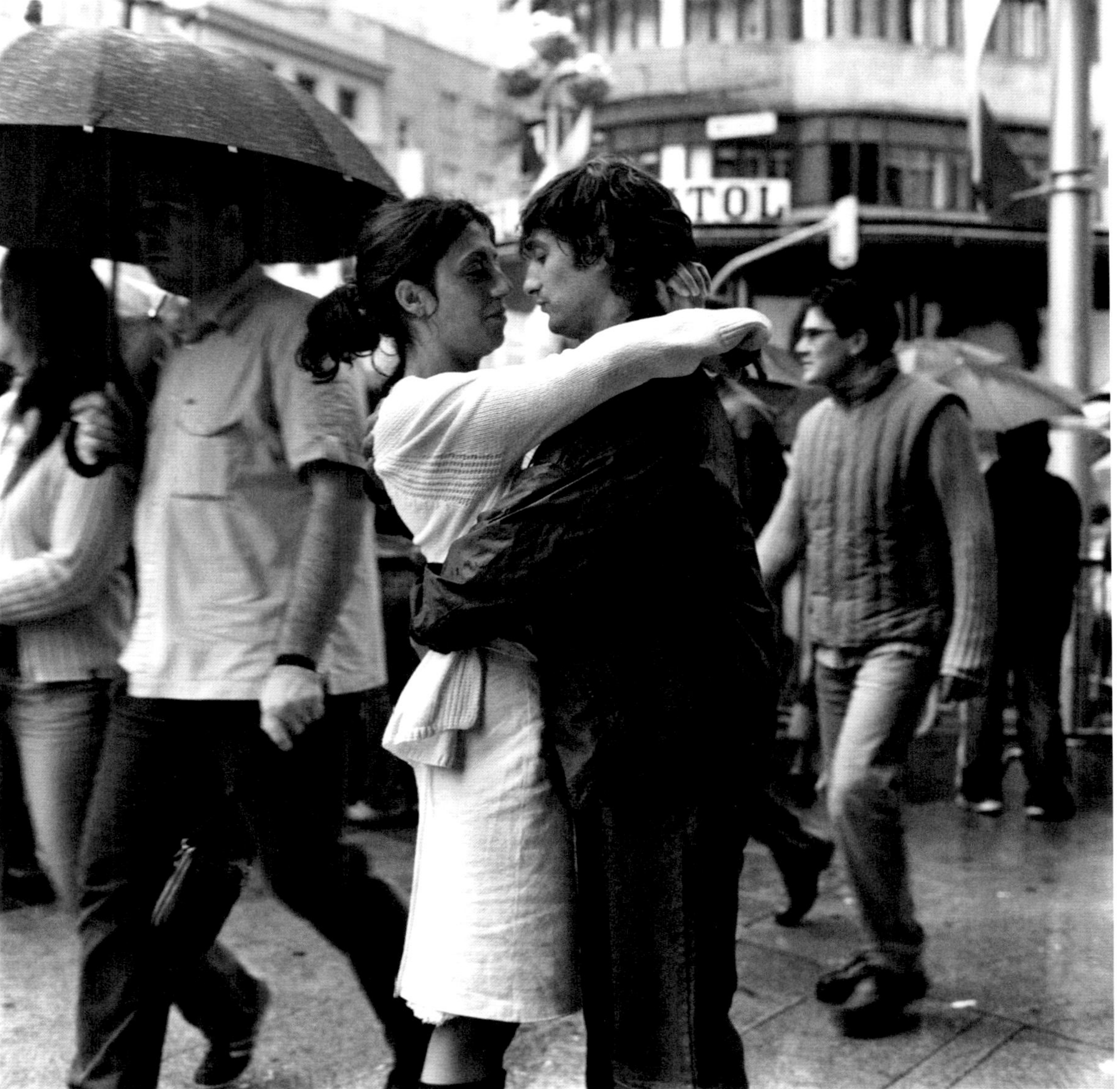

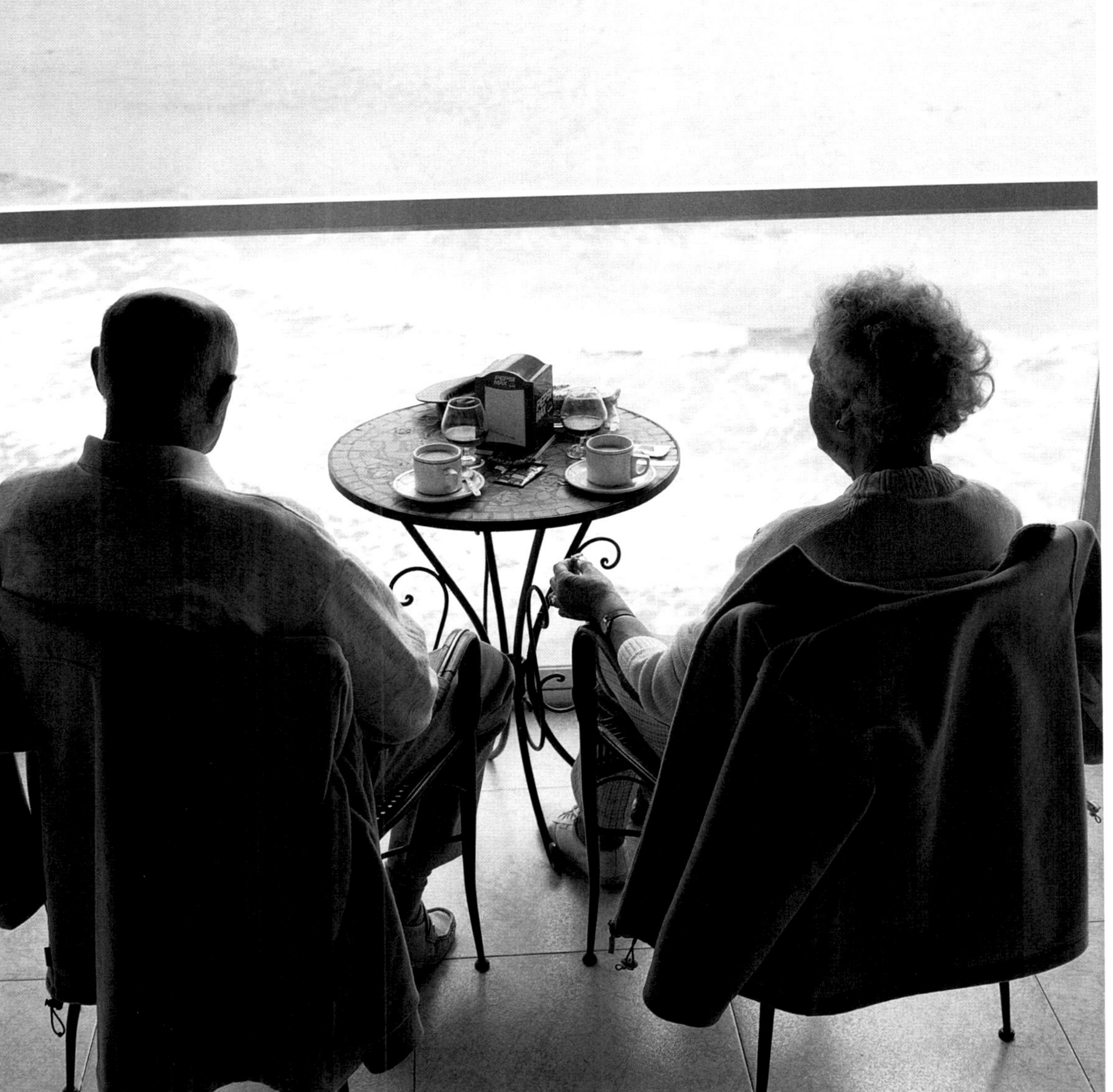

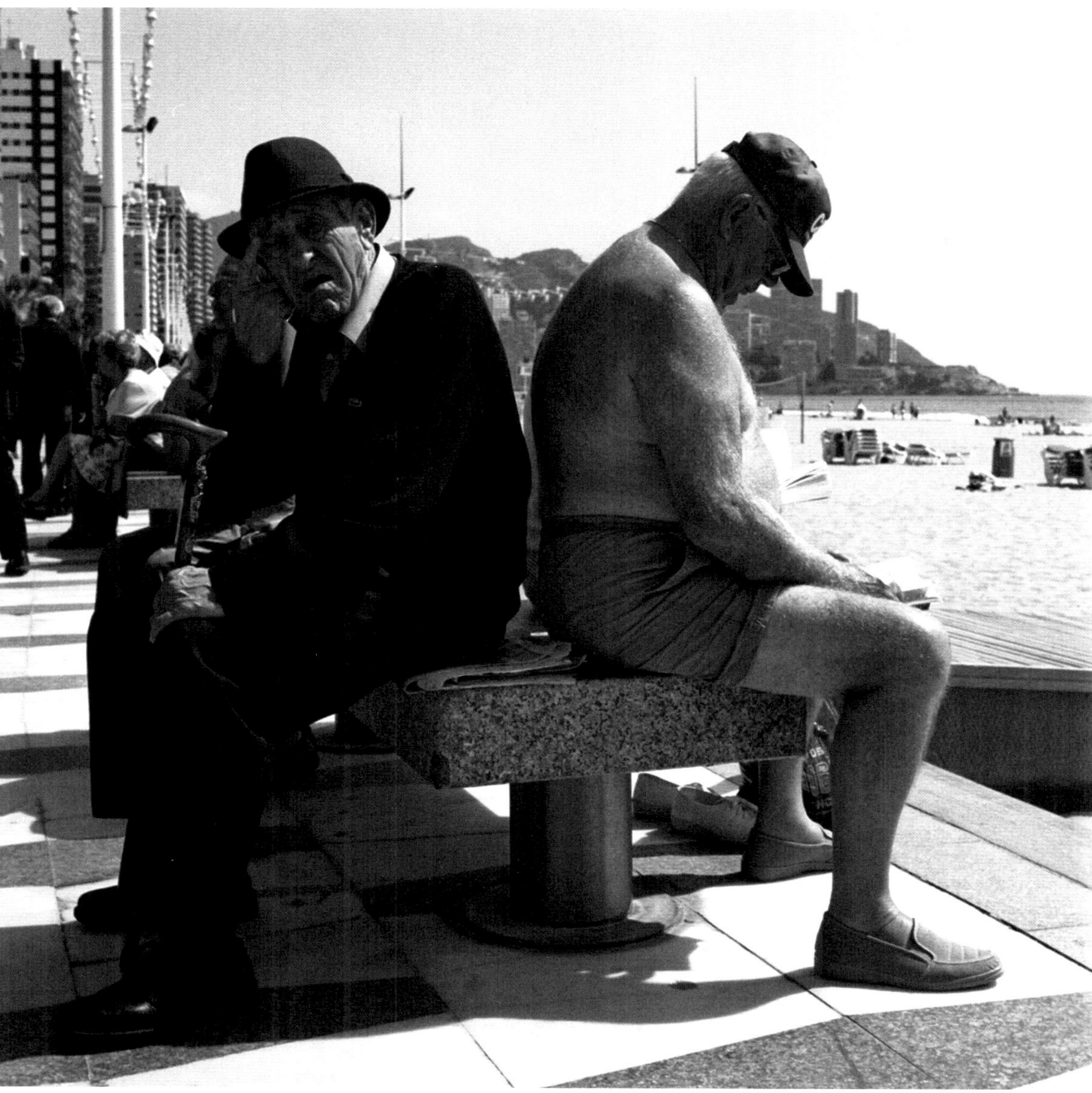

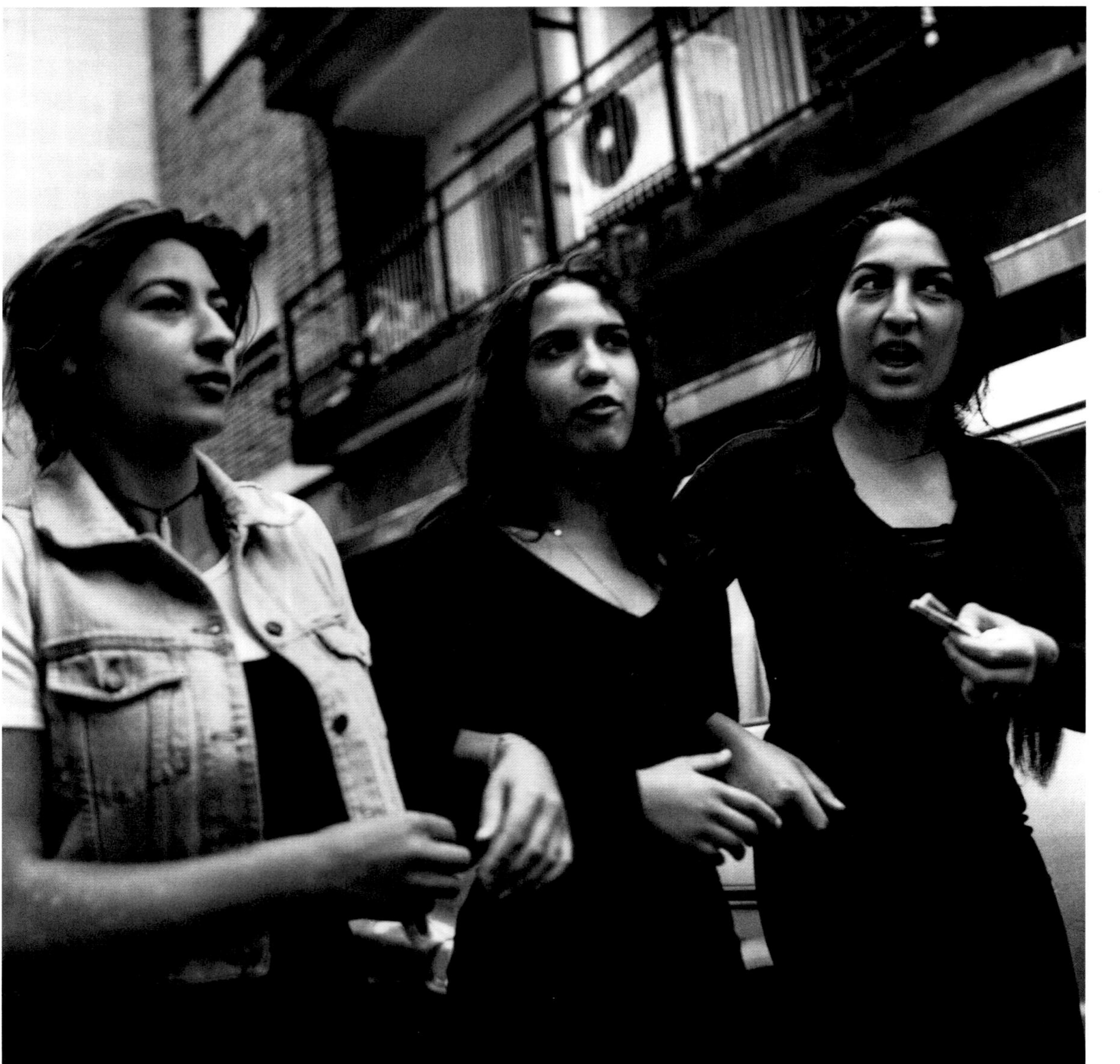

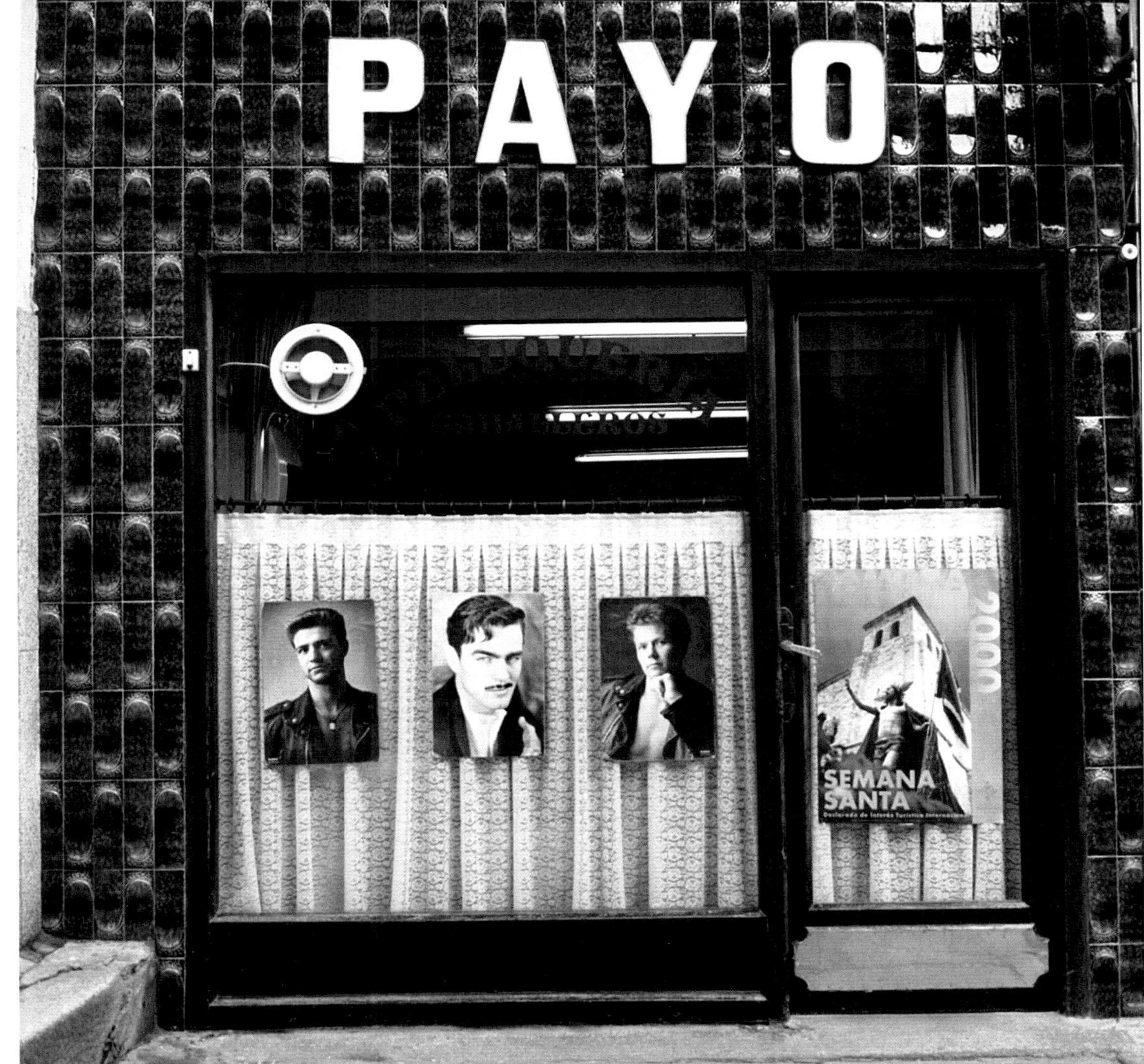

PAYO
SEMANA
SANTA
2000

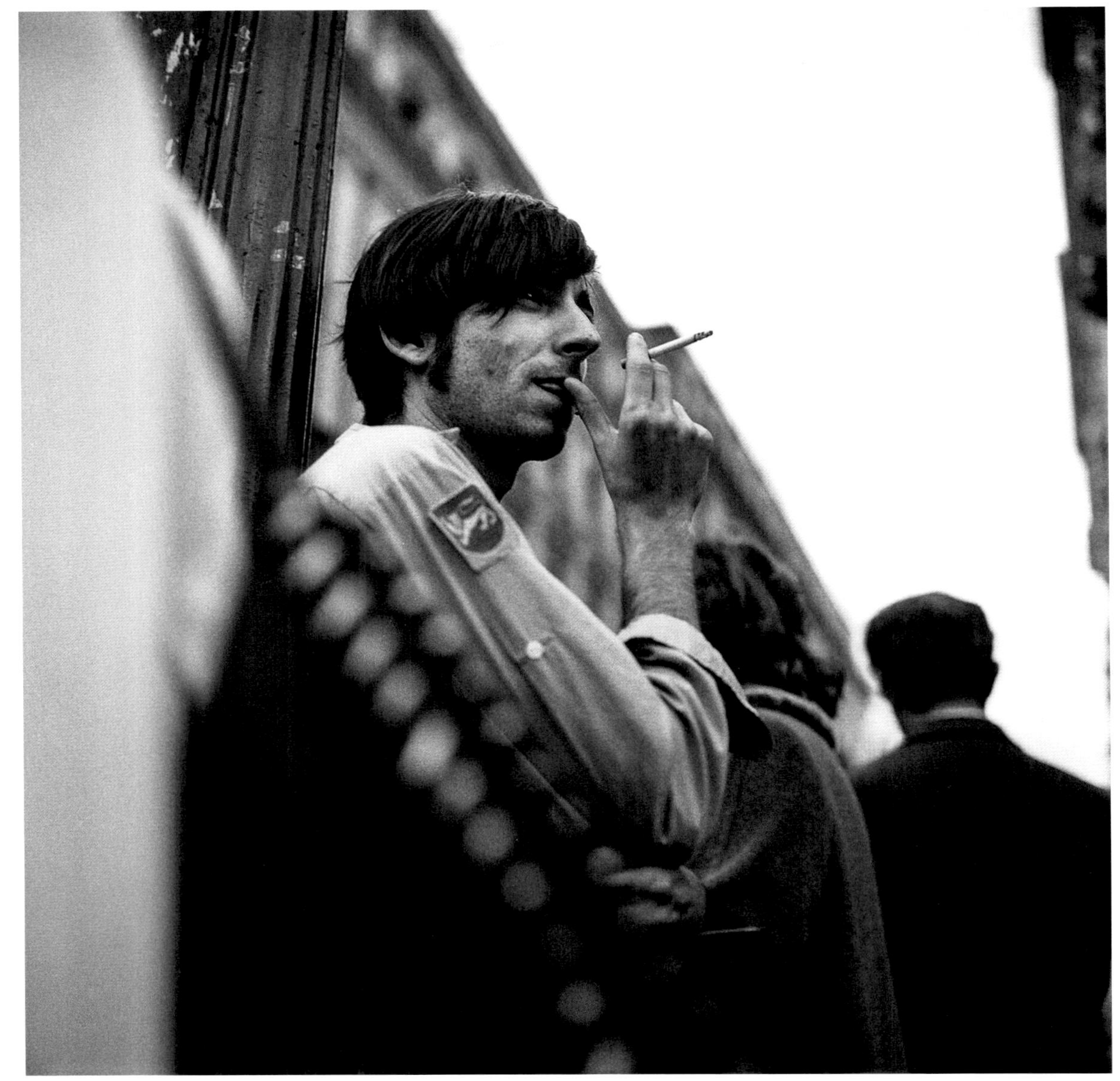

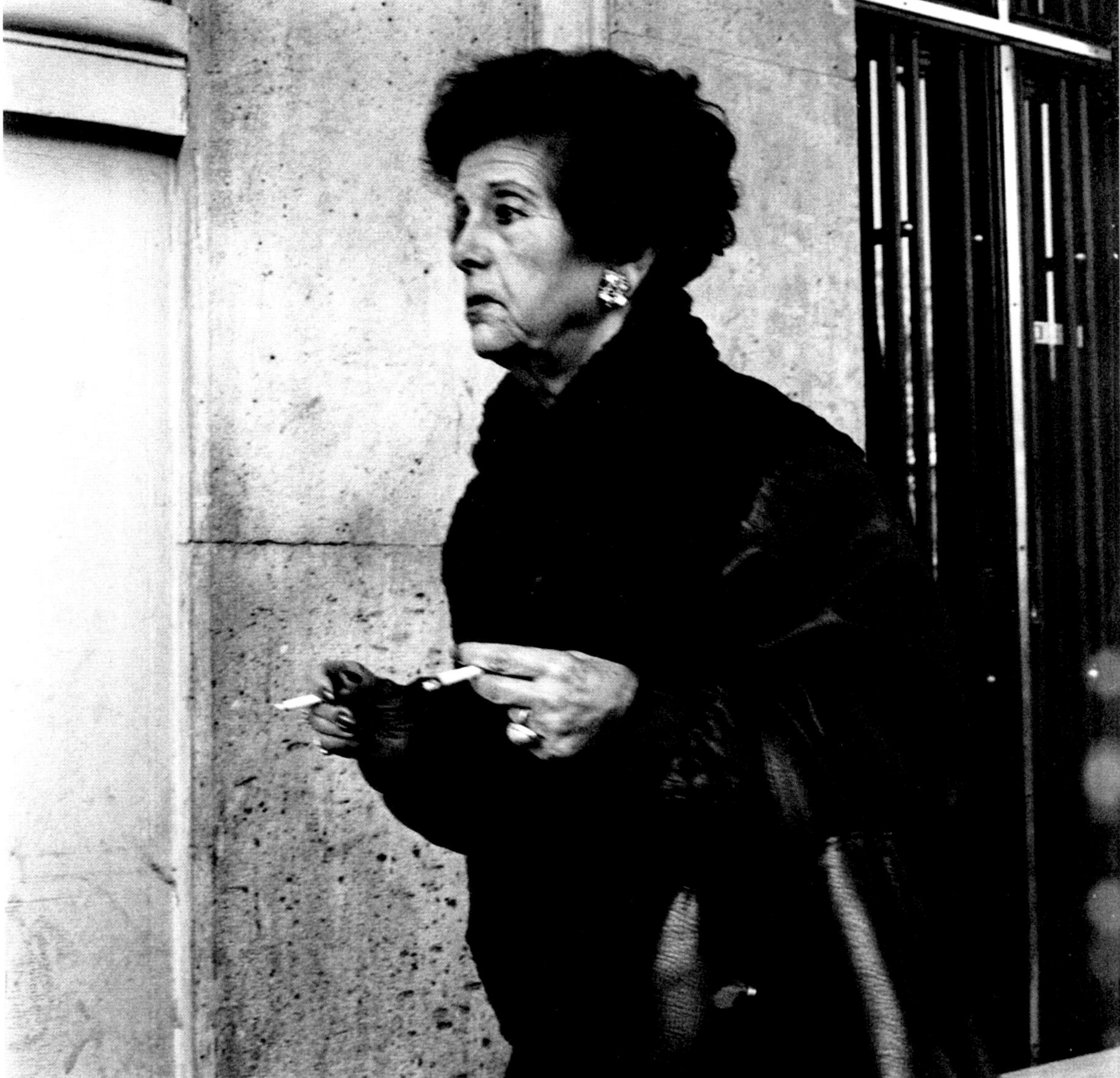

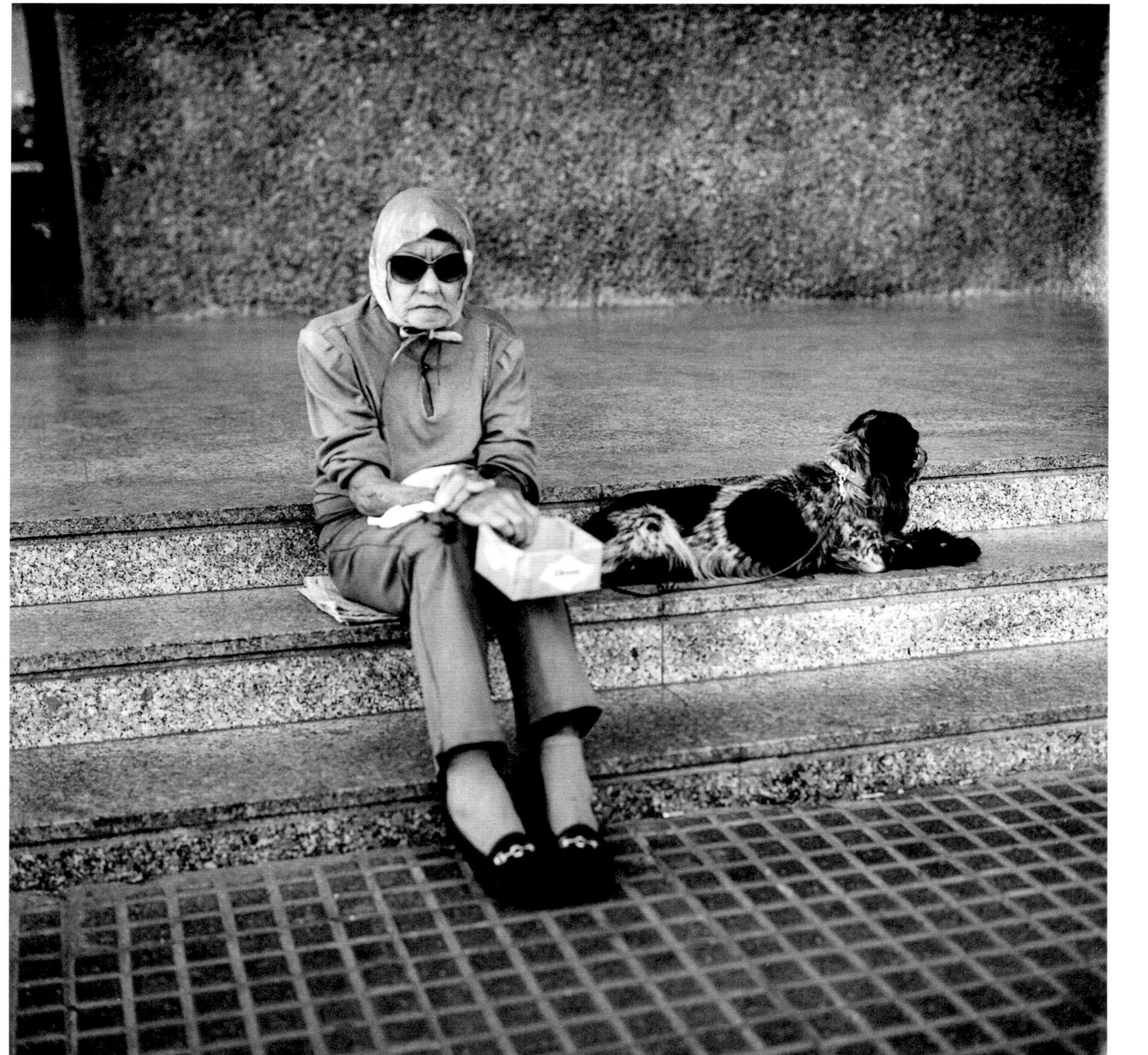

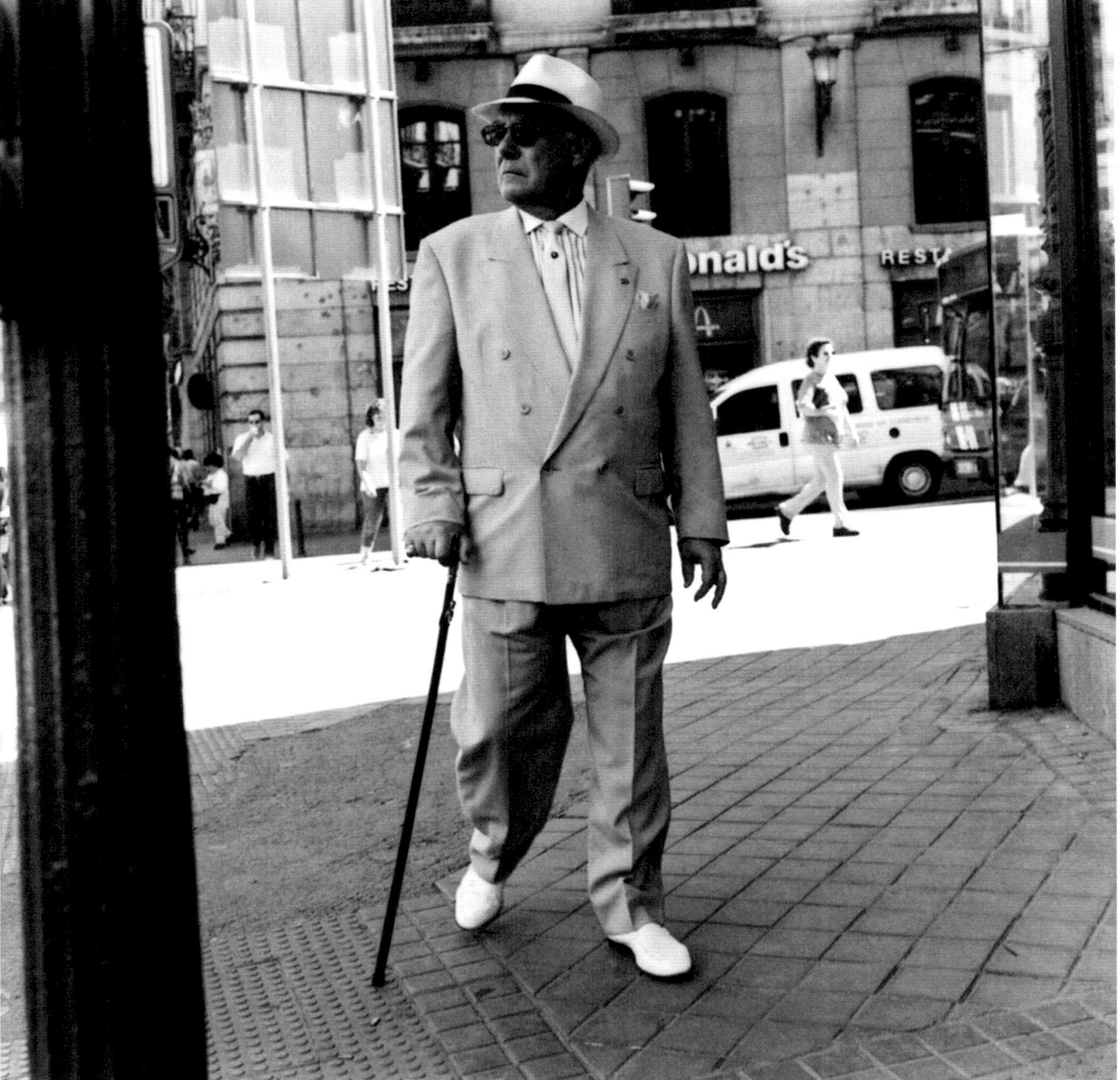

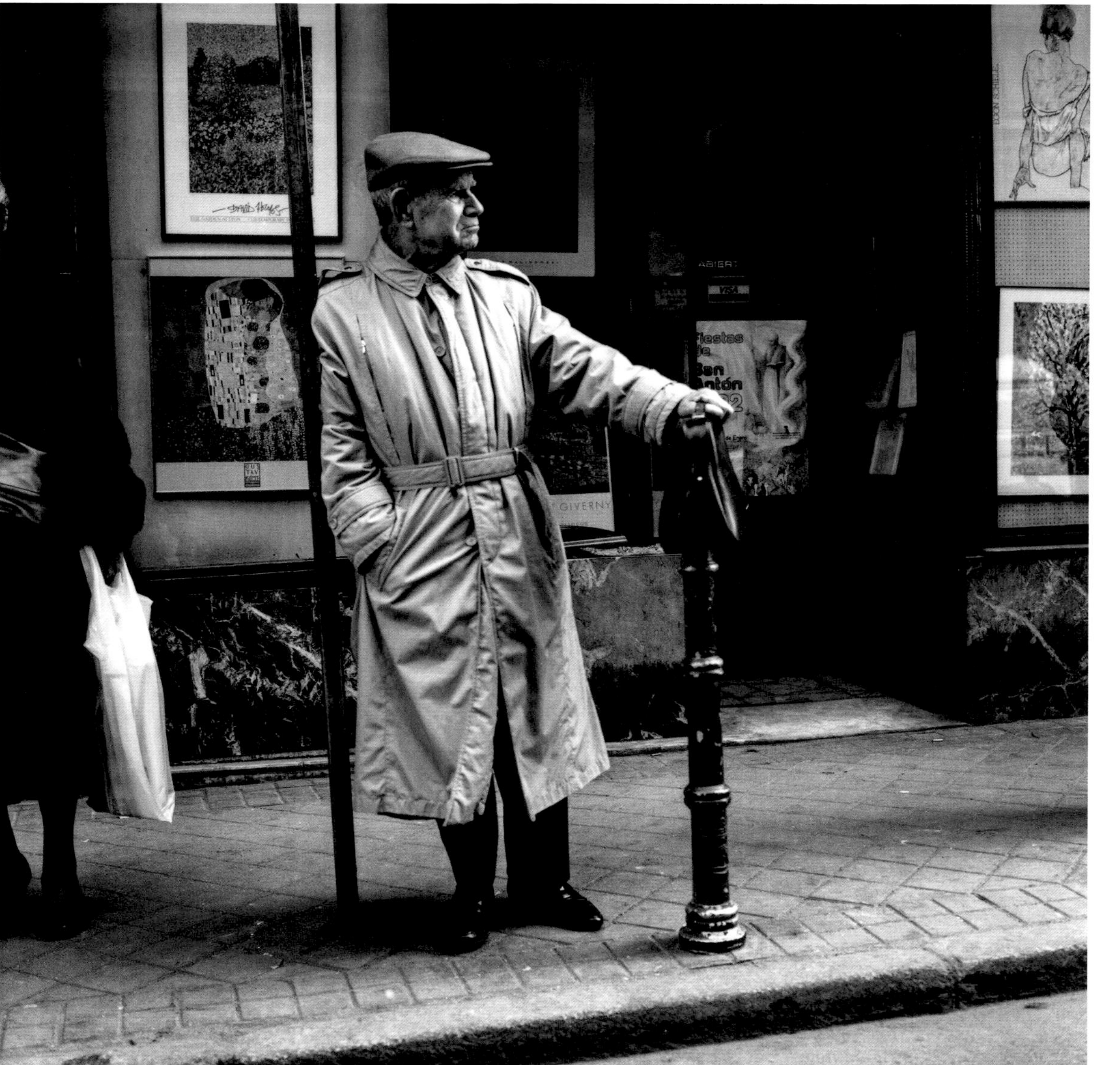

GIVERNY
Fiestas
de
San
Antón
ABIERT
VISA

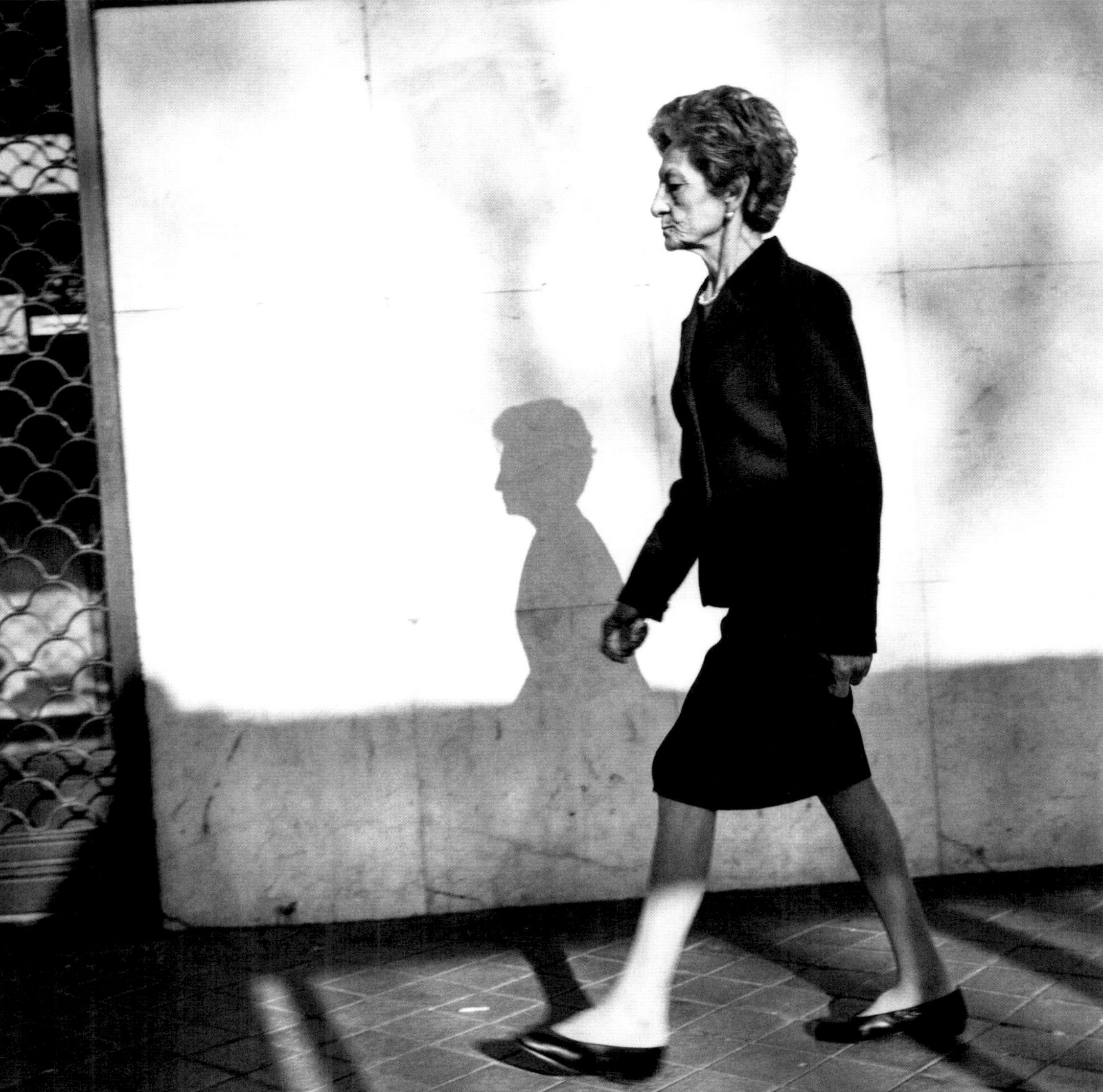

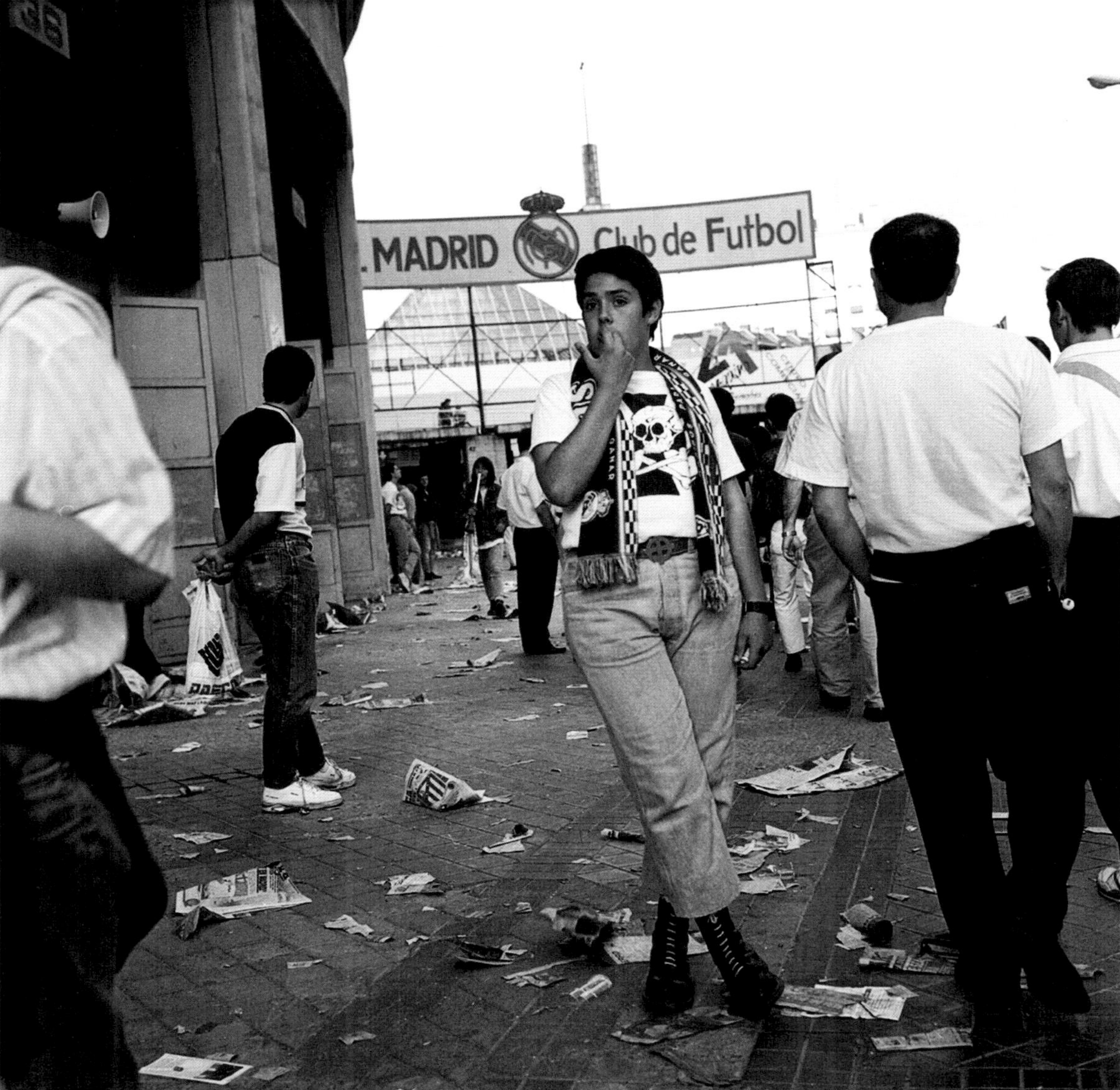
. MADRID Club de Futbol

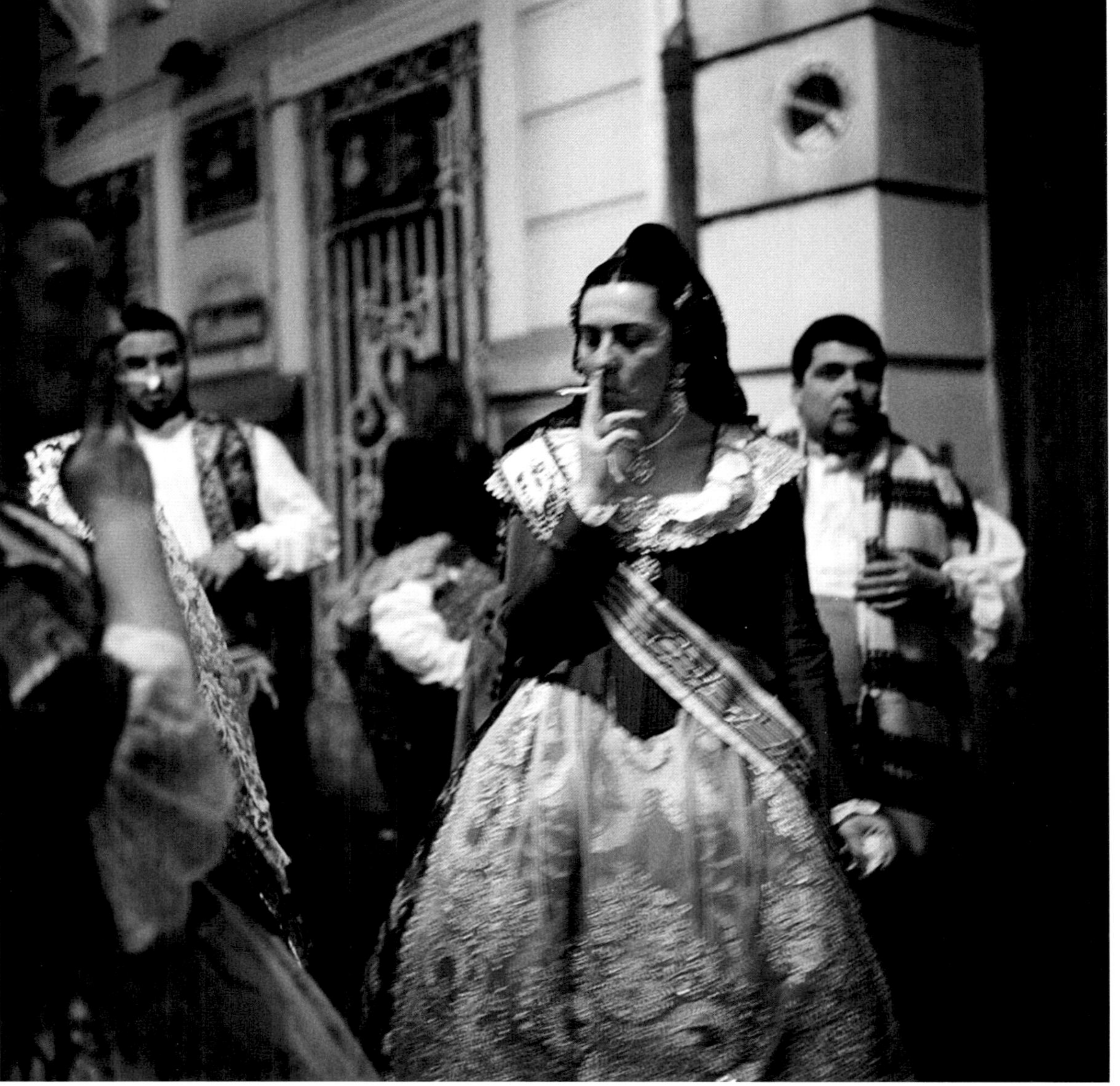

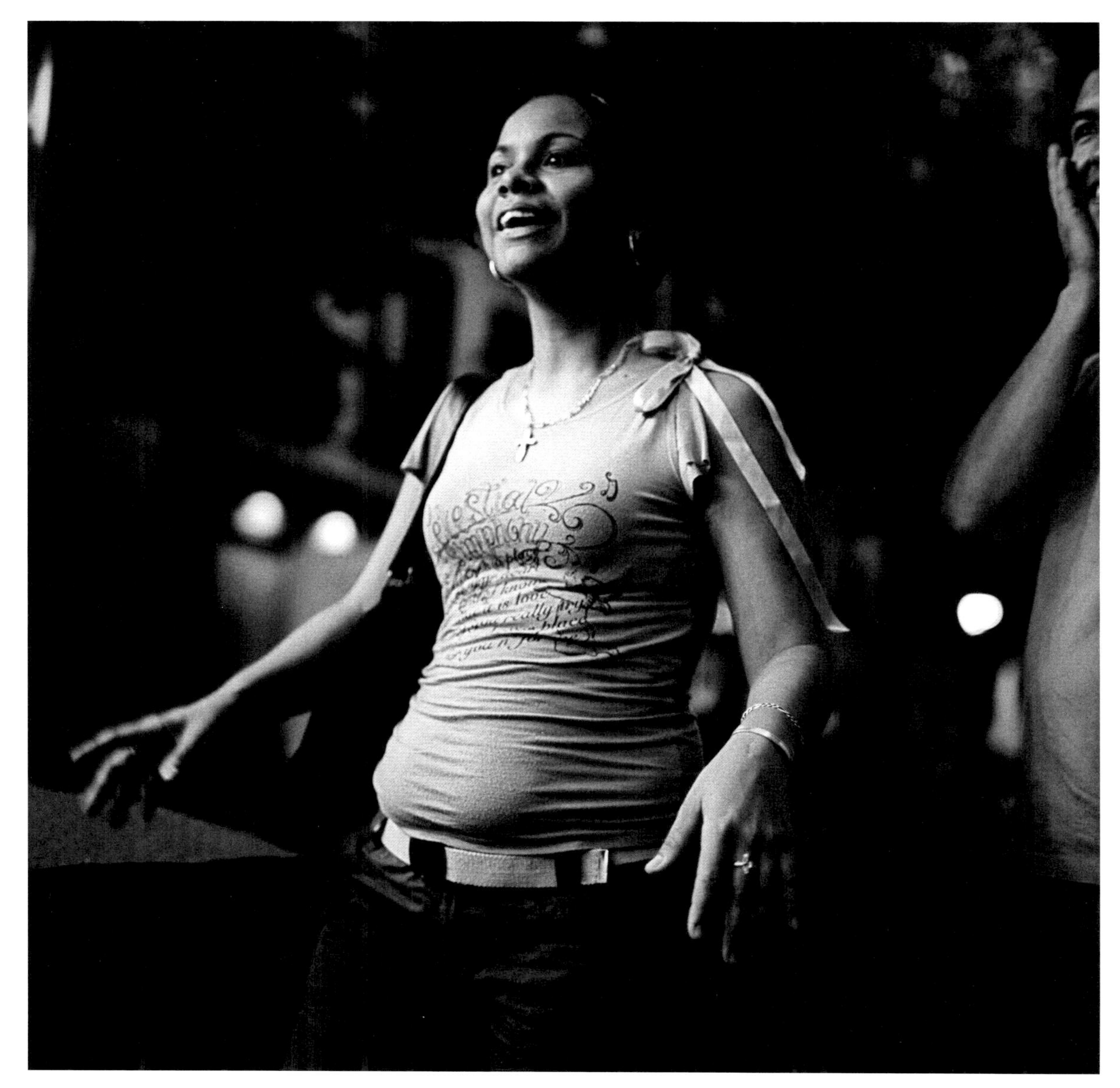

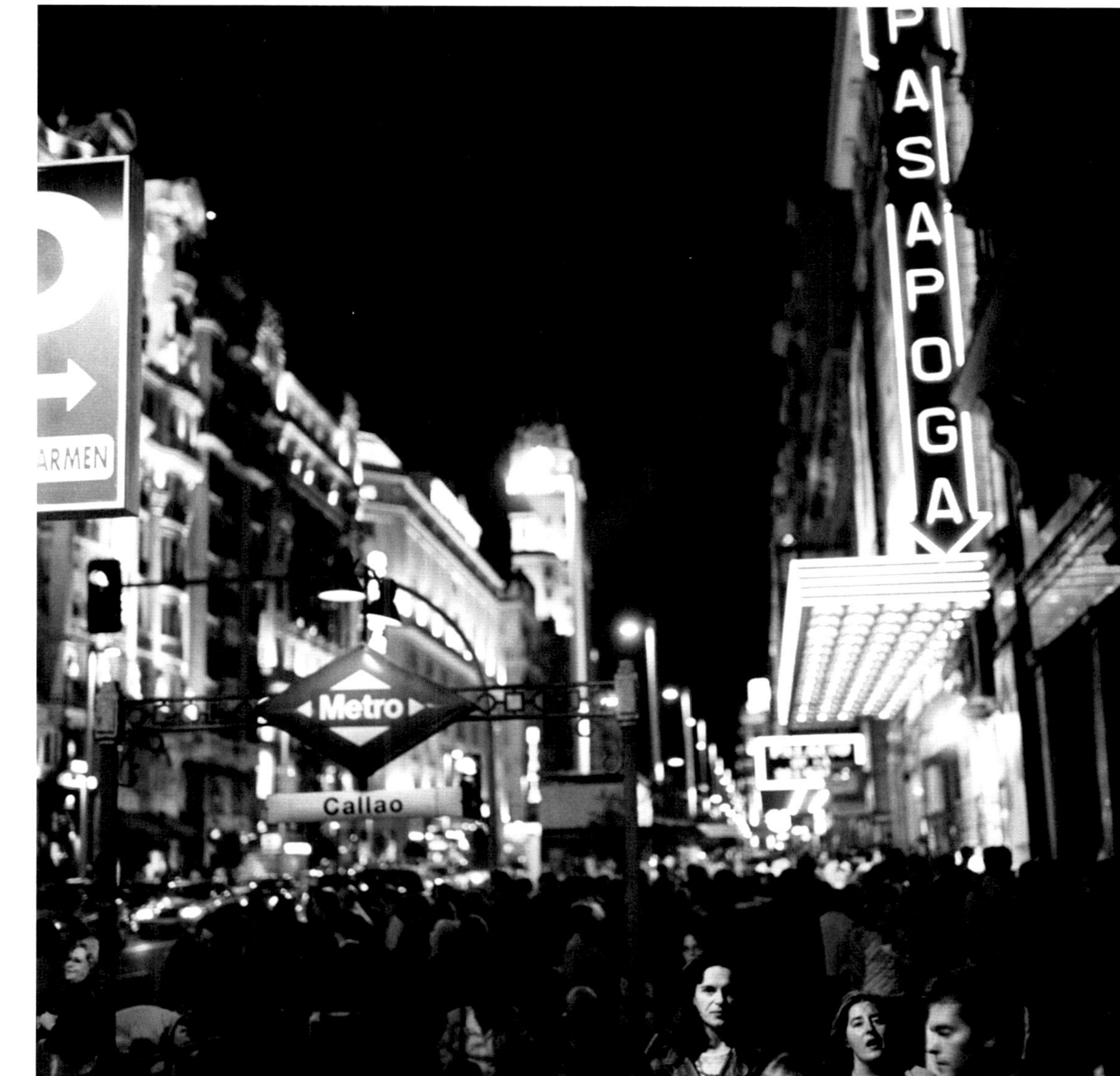

PASAPOGA
Metro
Callao
CARMEN

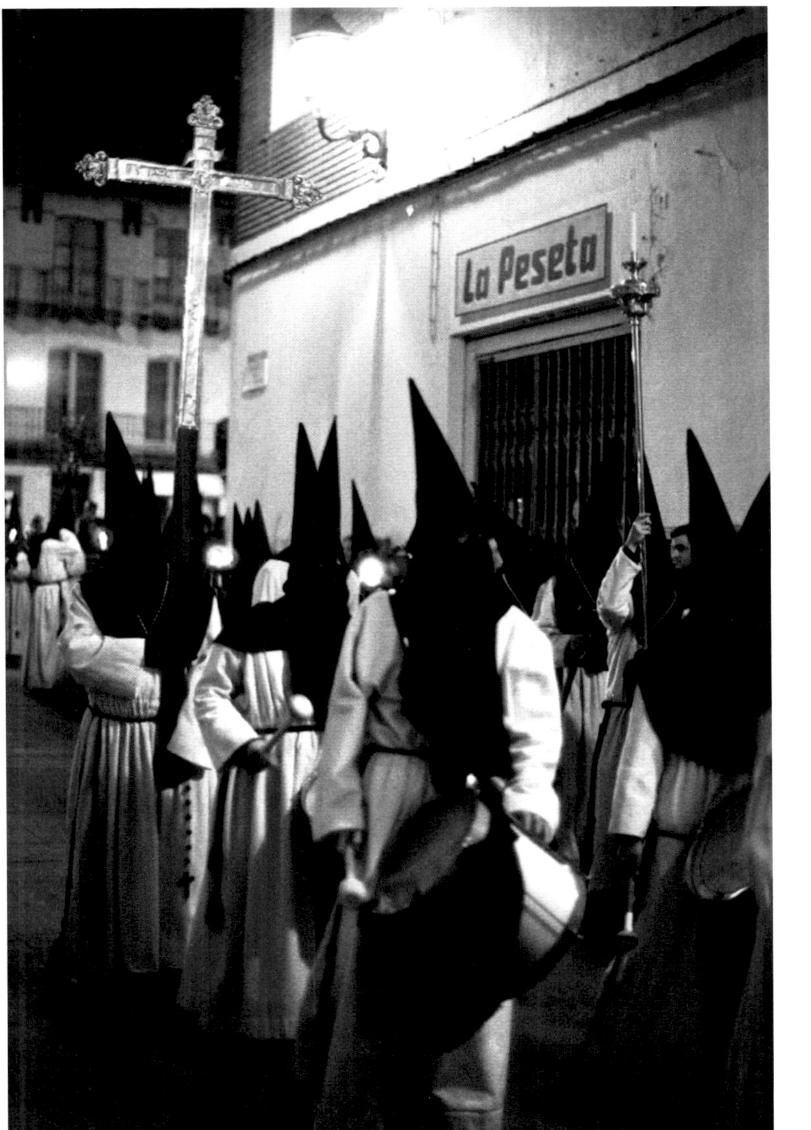

La Peseta

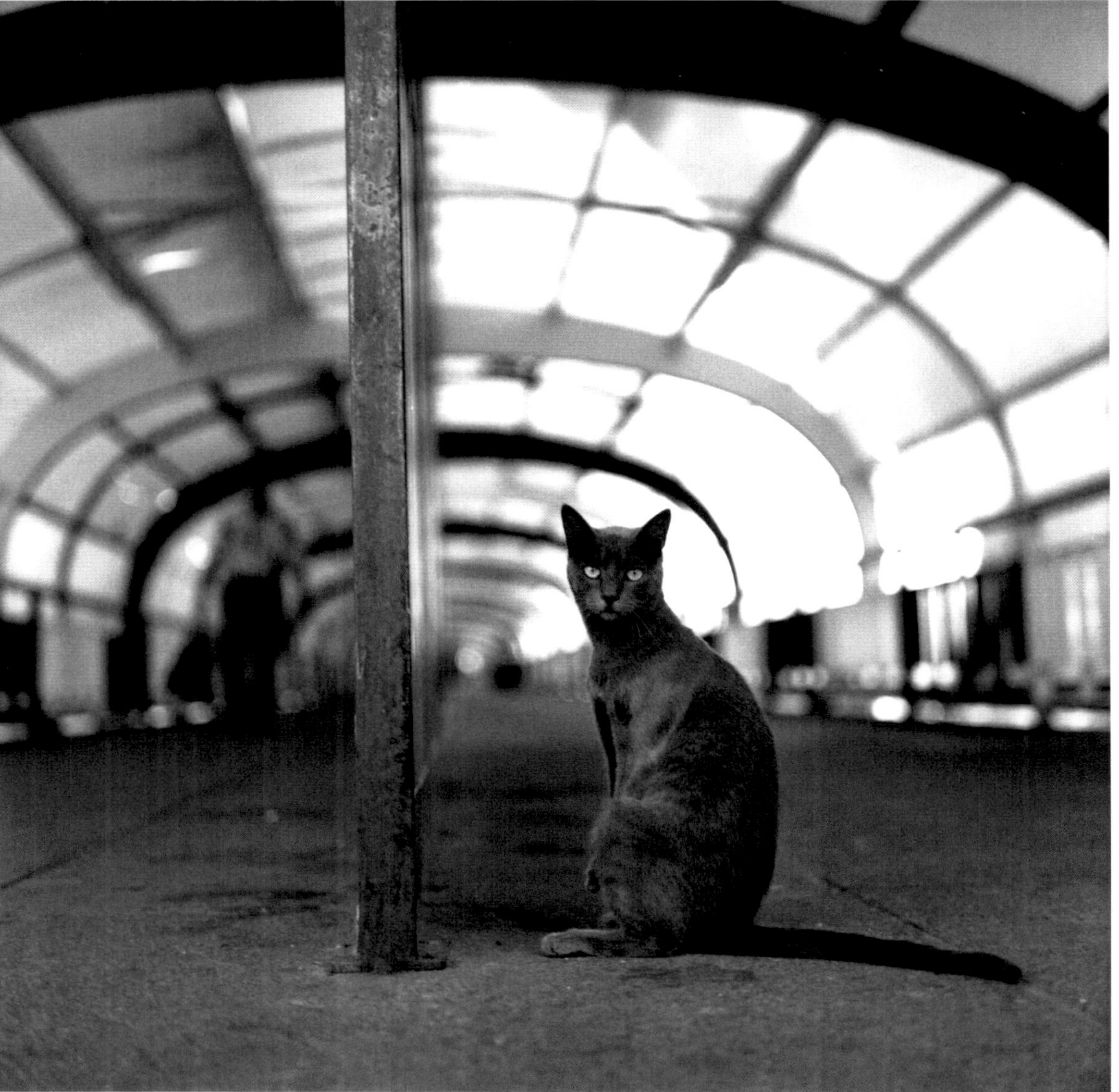

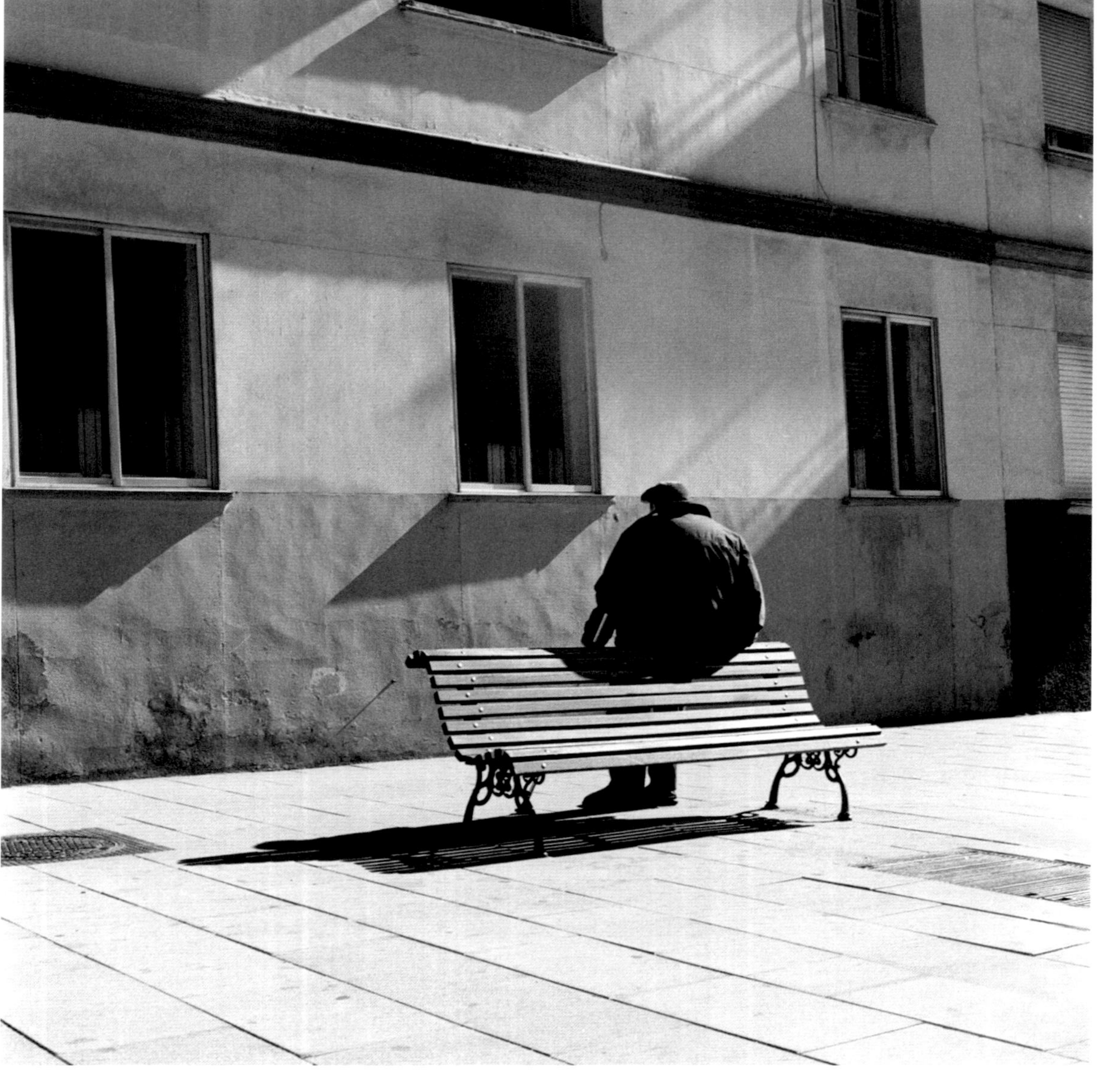

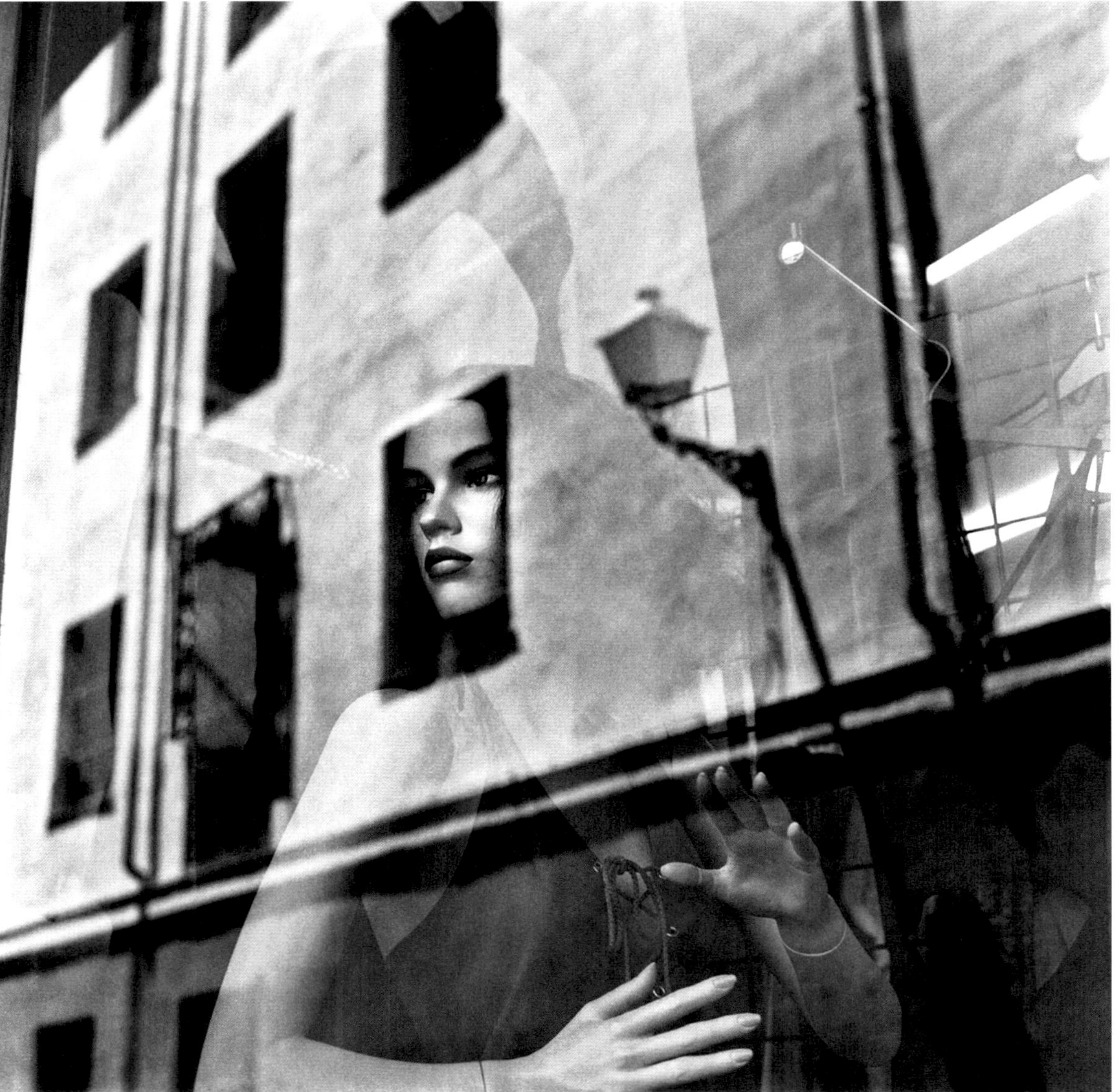

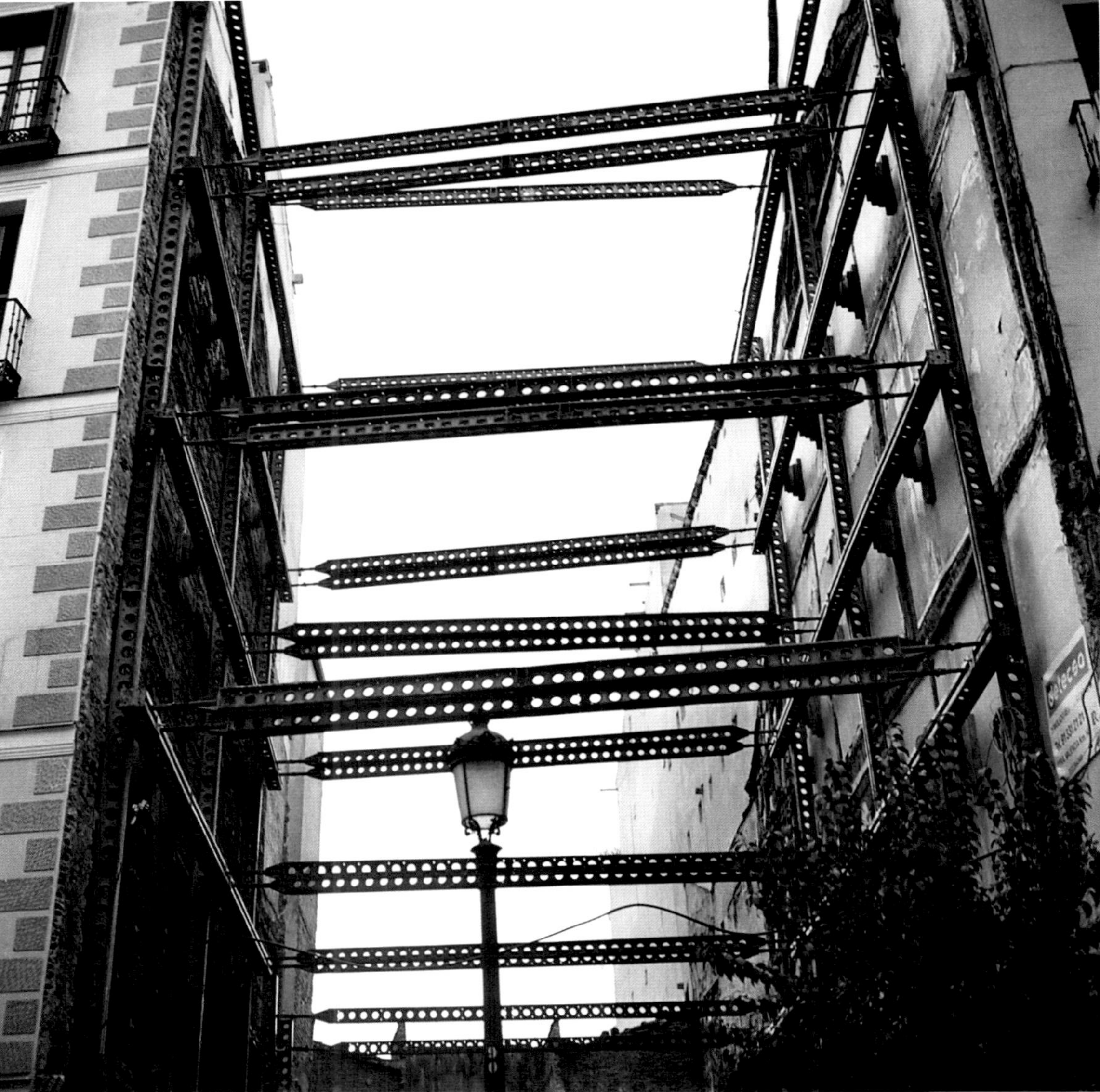

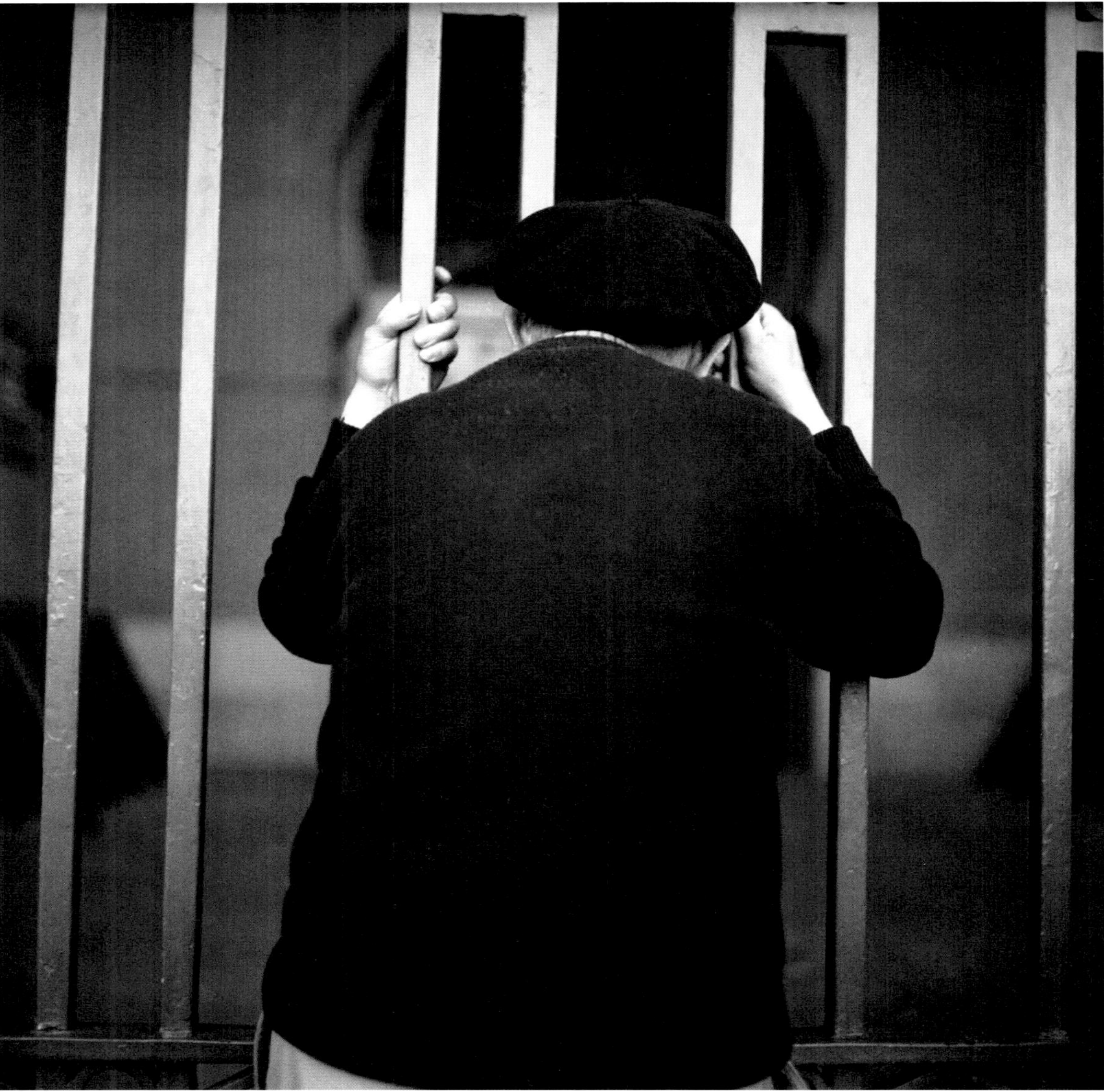

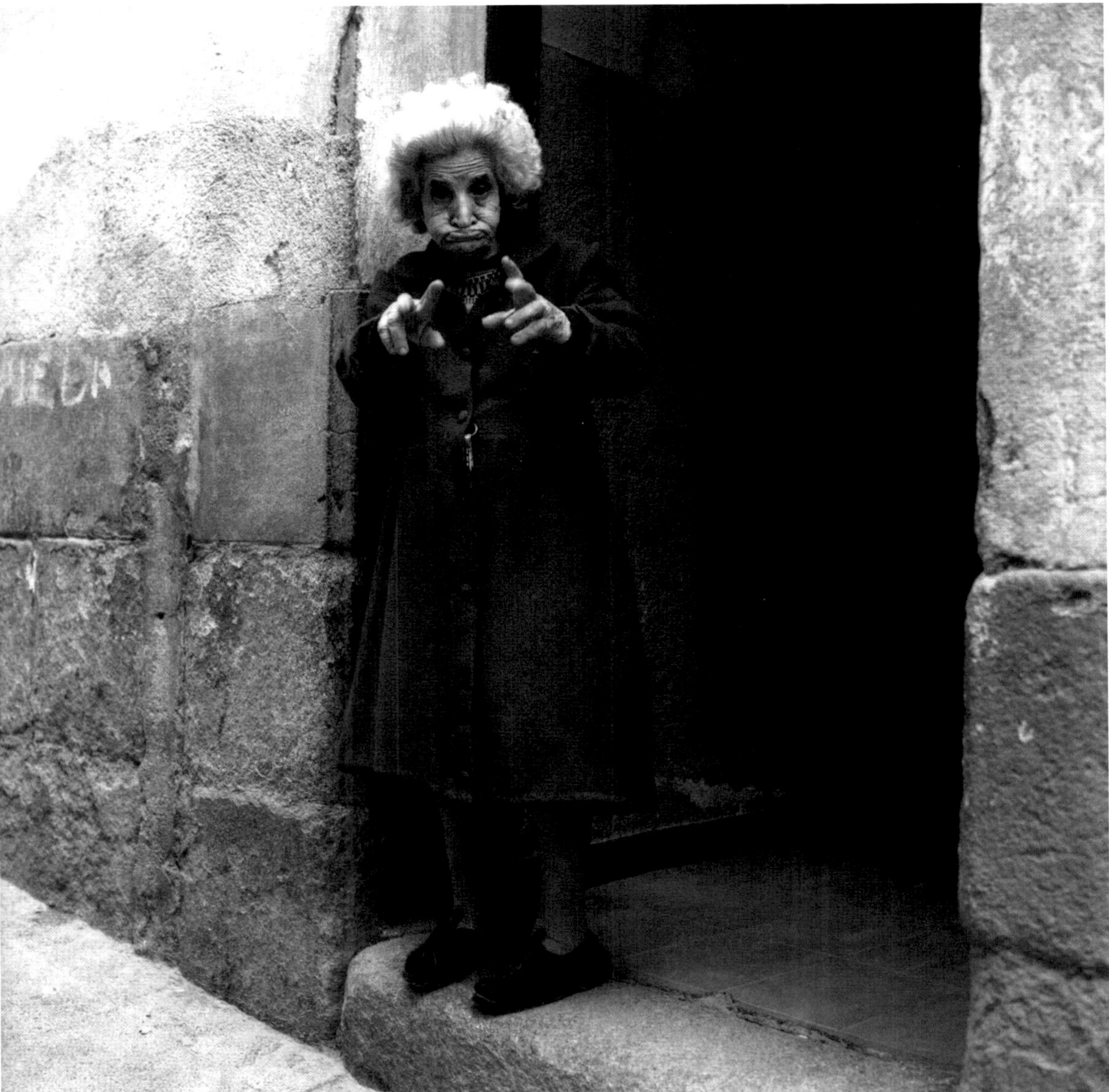

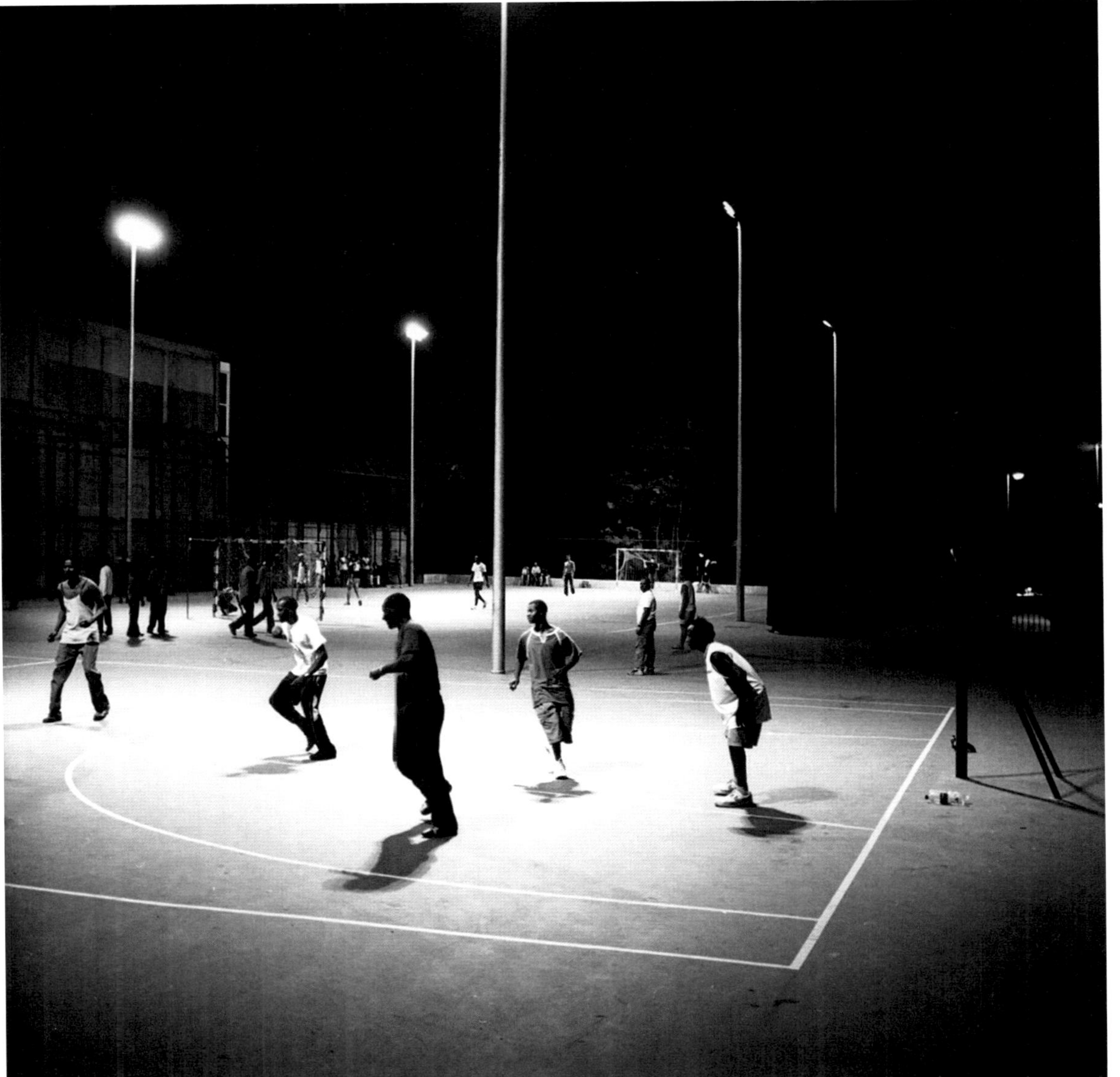

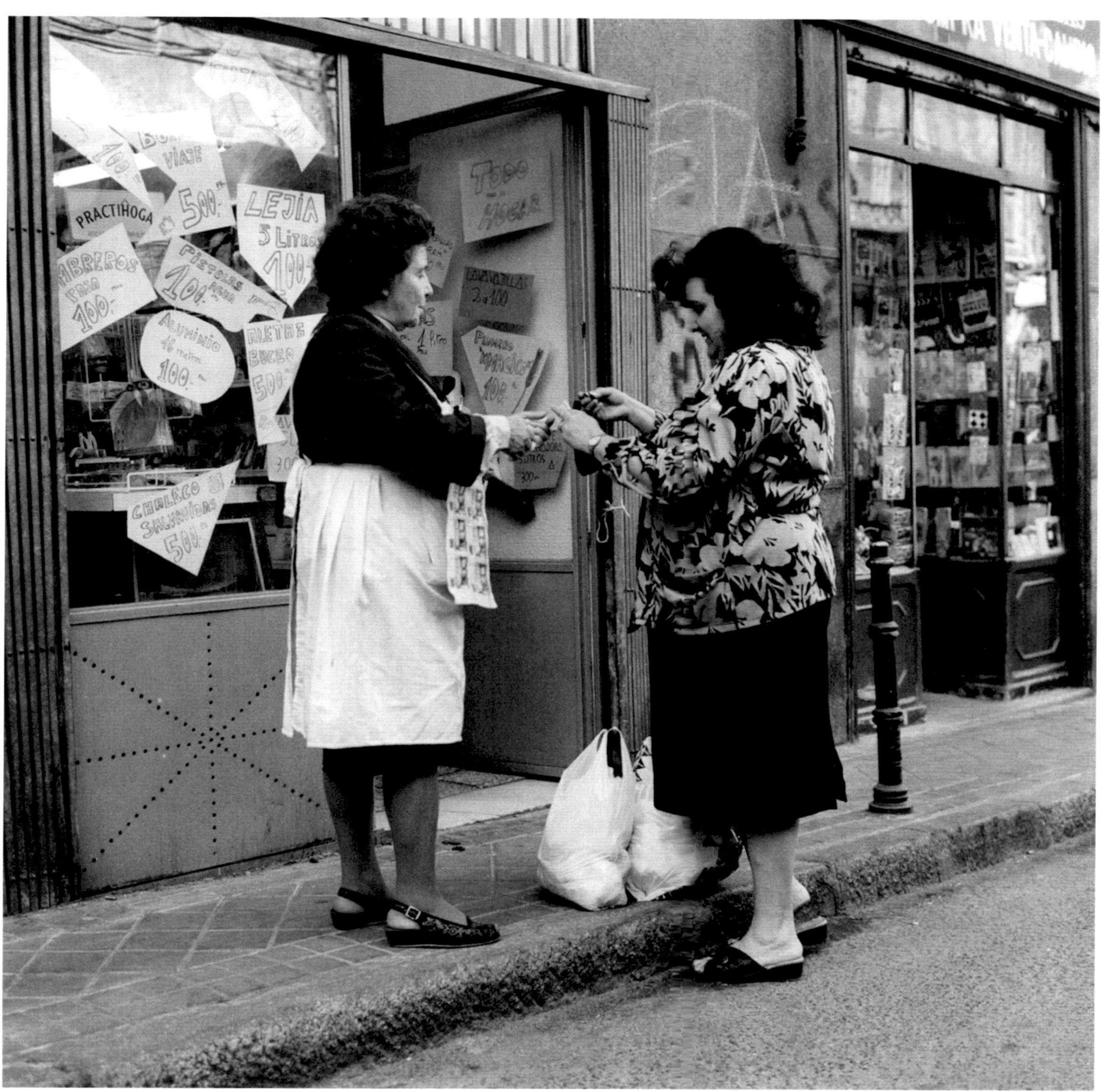
PRACTIHOGAR
BUEN VIAJE
500.-
LEJIA
5 Litros
100.-
SOMBREROS
PASA
100.-
PISTOLAS
100.-
ALUMINIO
16 metros
100.-
ALETAS
BUCEO
500.-
TODO
HOGAR
VAJILLAS
2 x 100
PLATOS
100.-
CHALECO
SALVAVIDAS
500.-

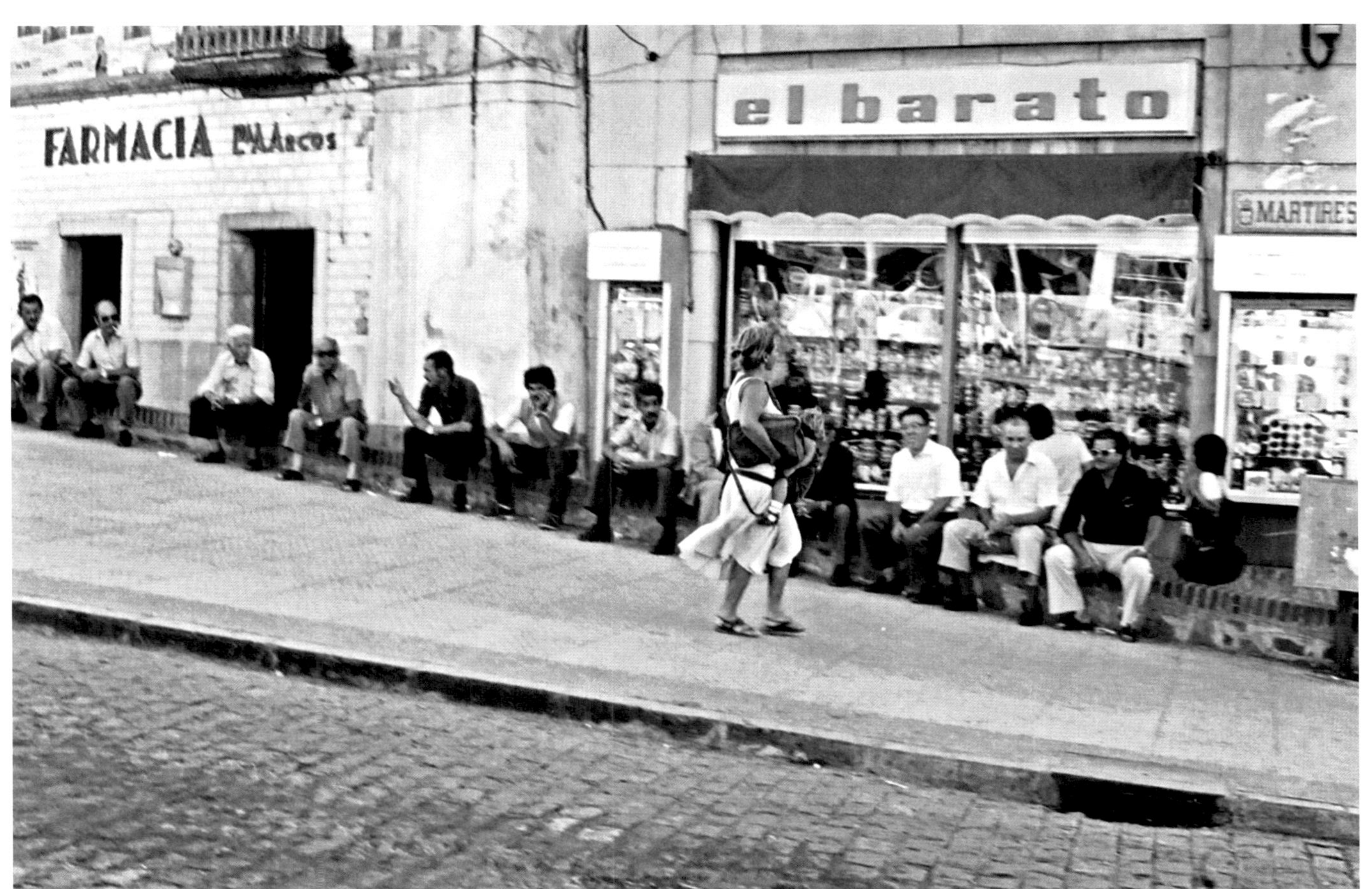

FARMACIA D^AArcos
el barato
MARTIRES

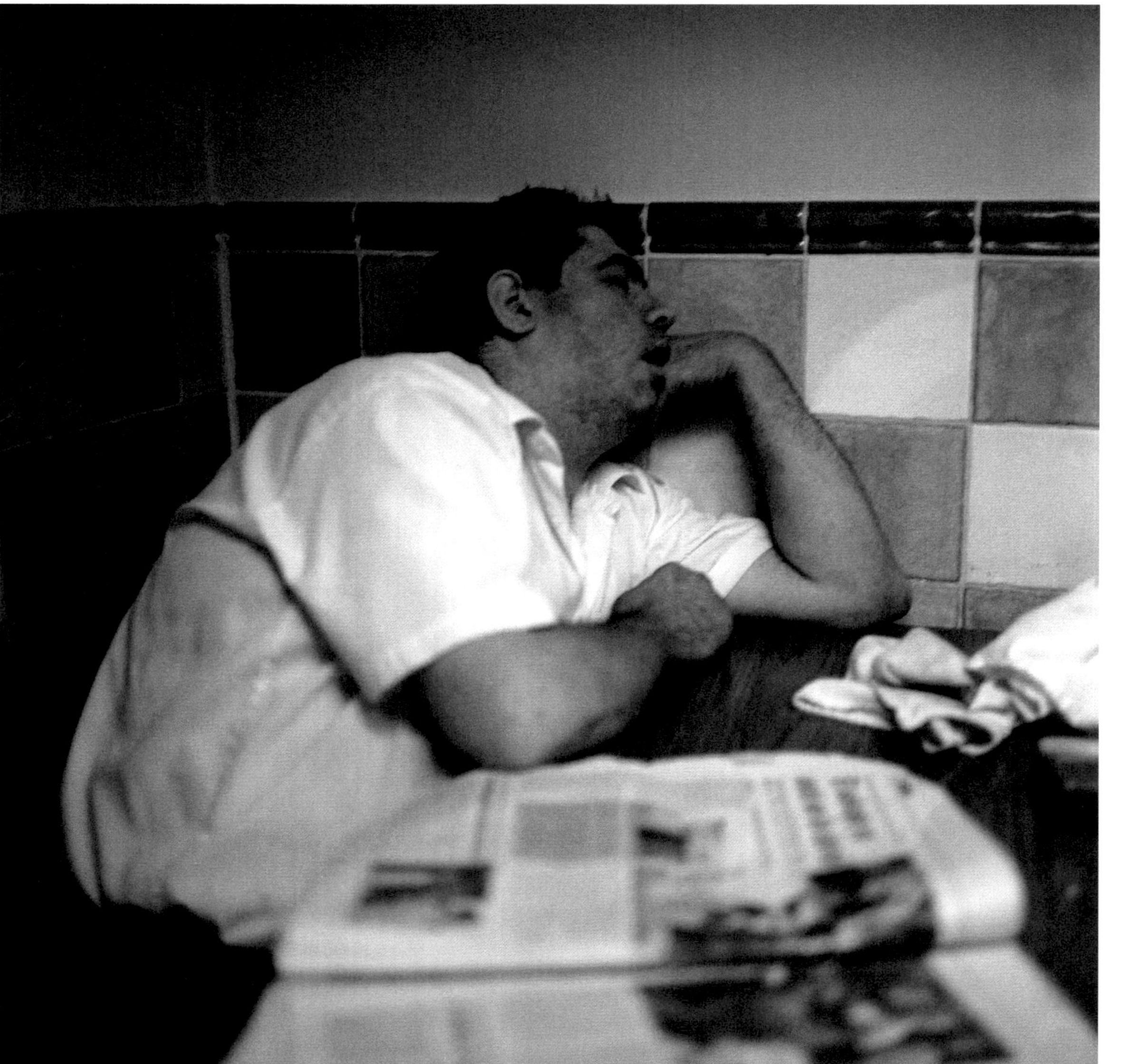

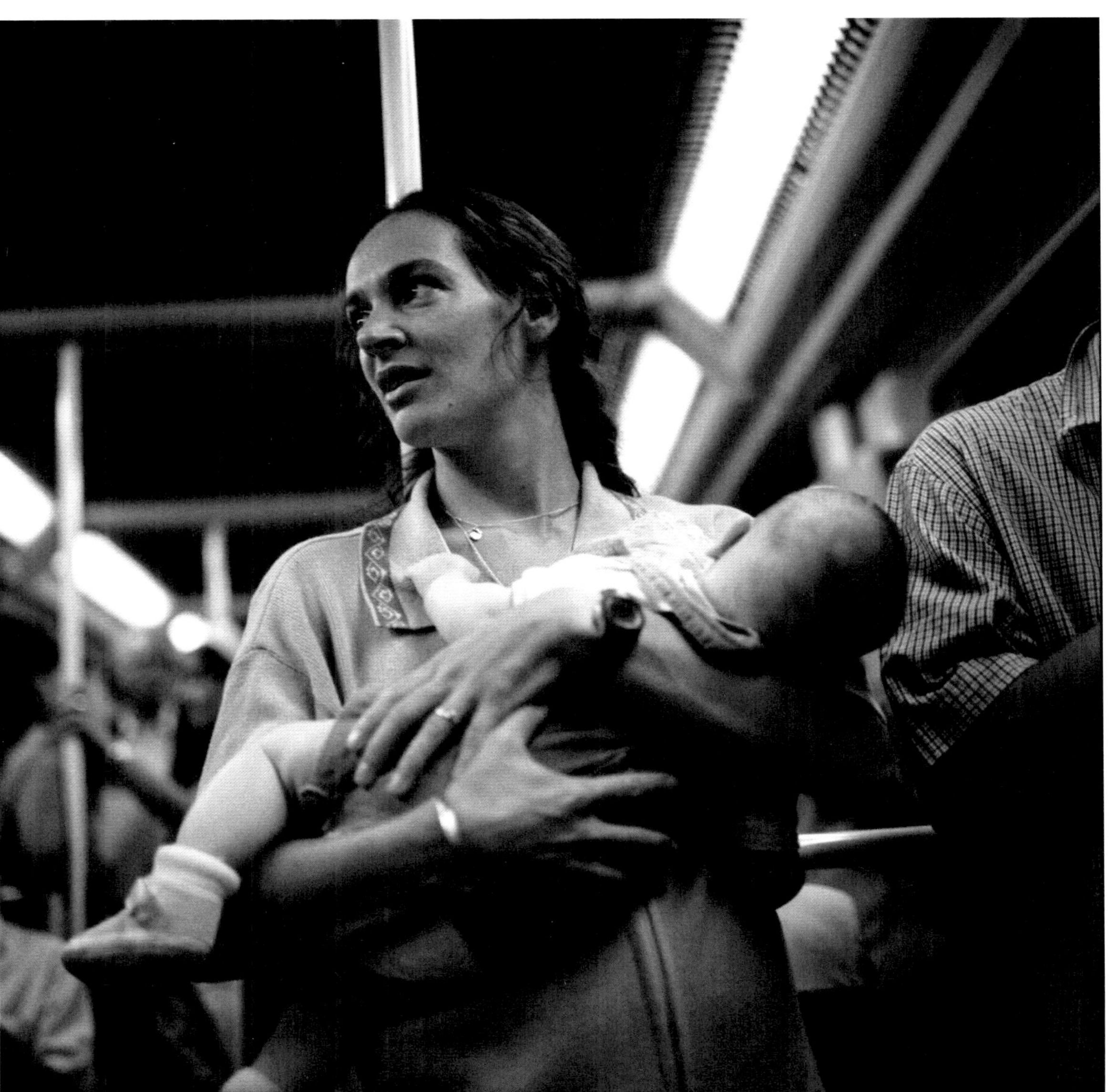

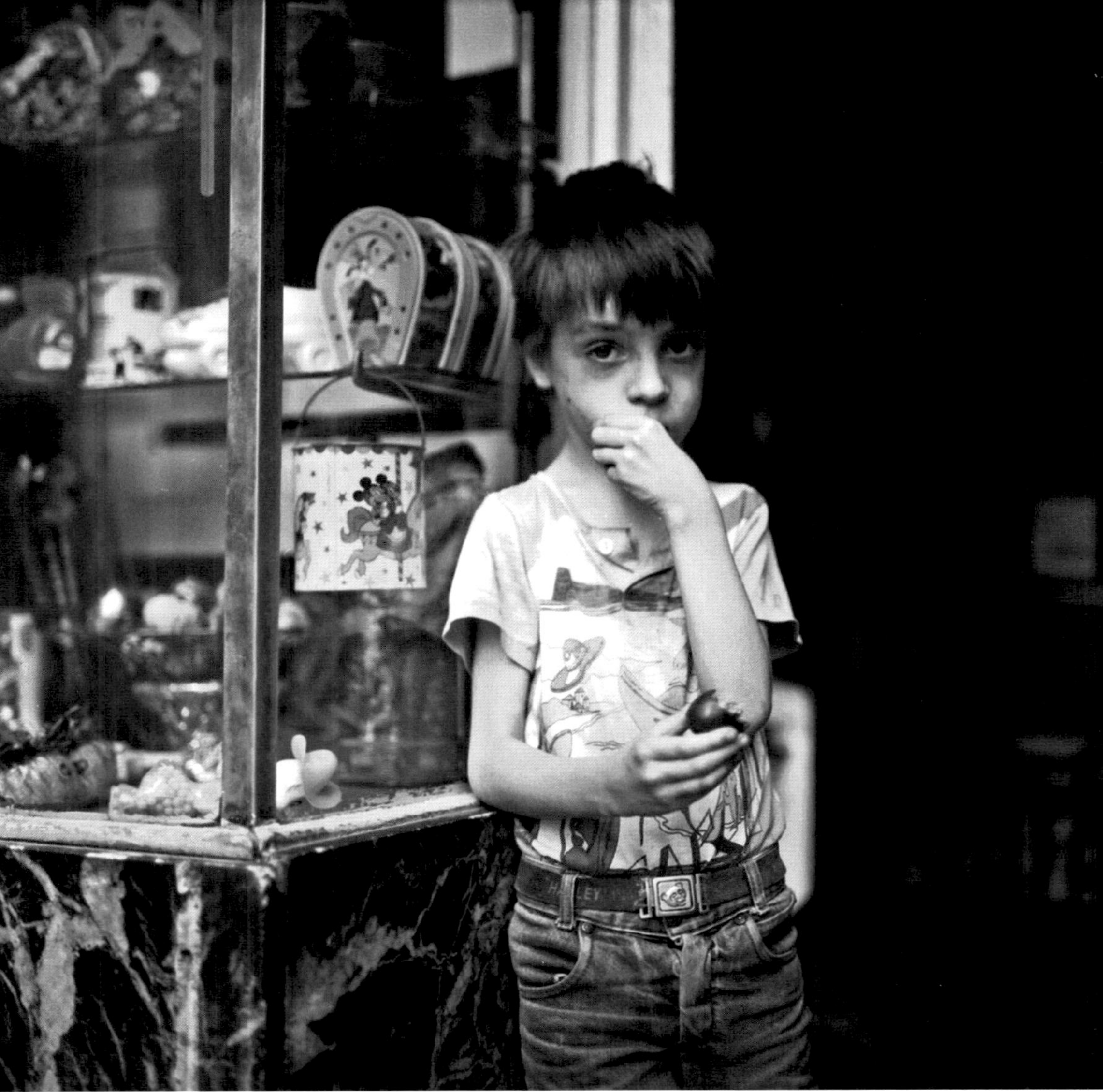

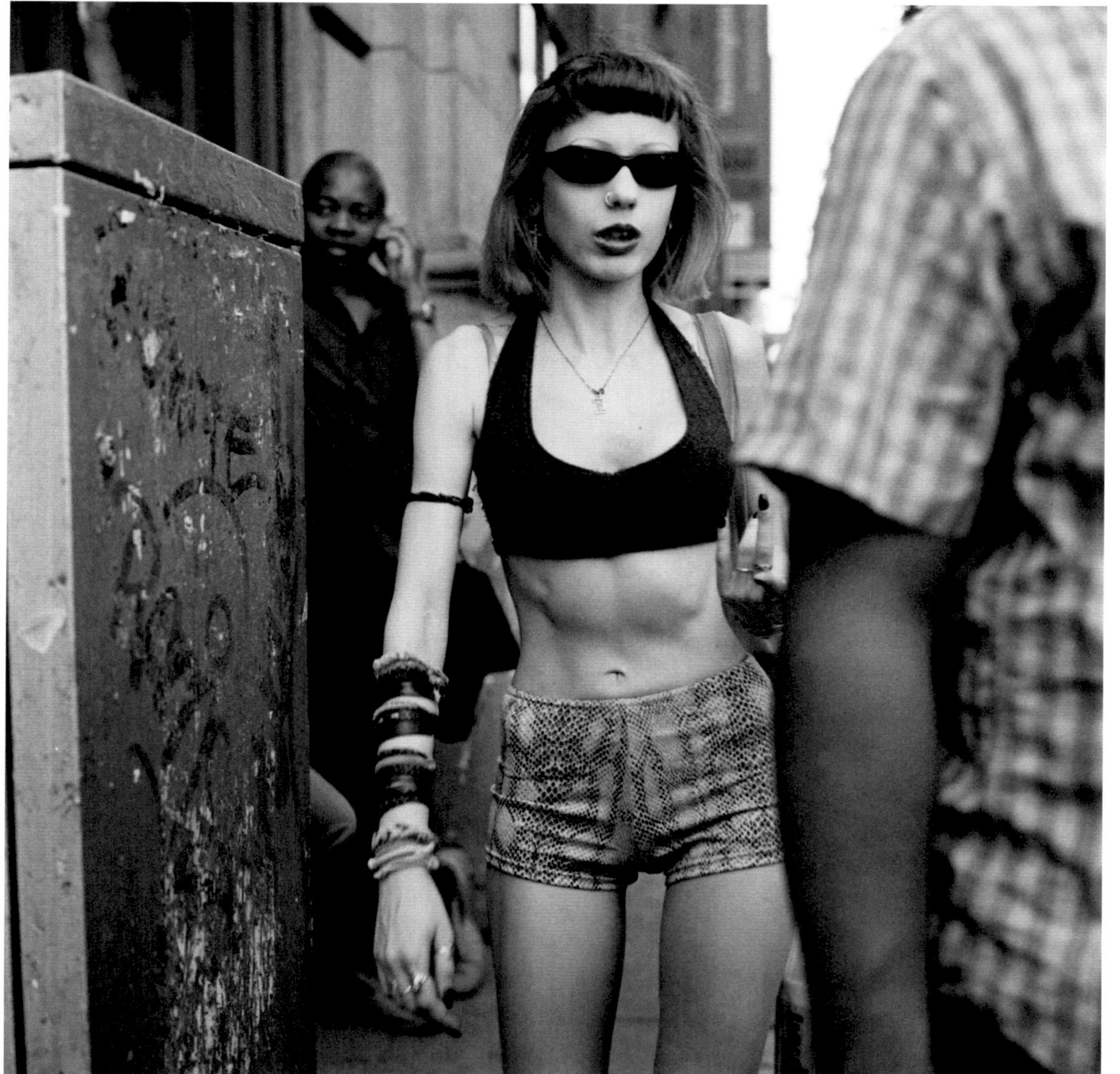

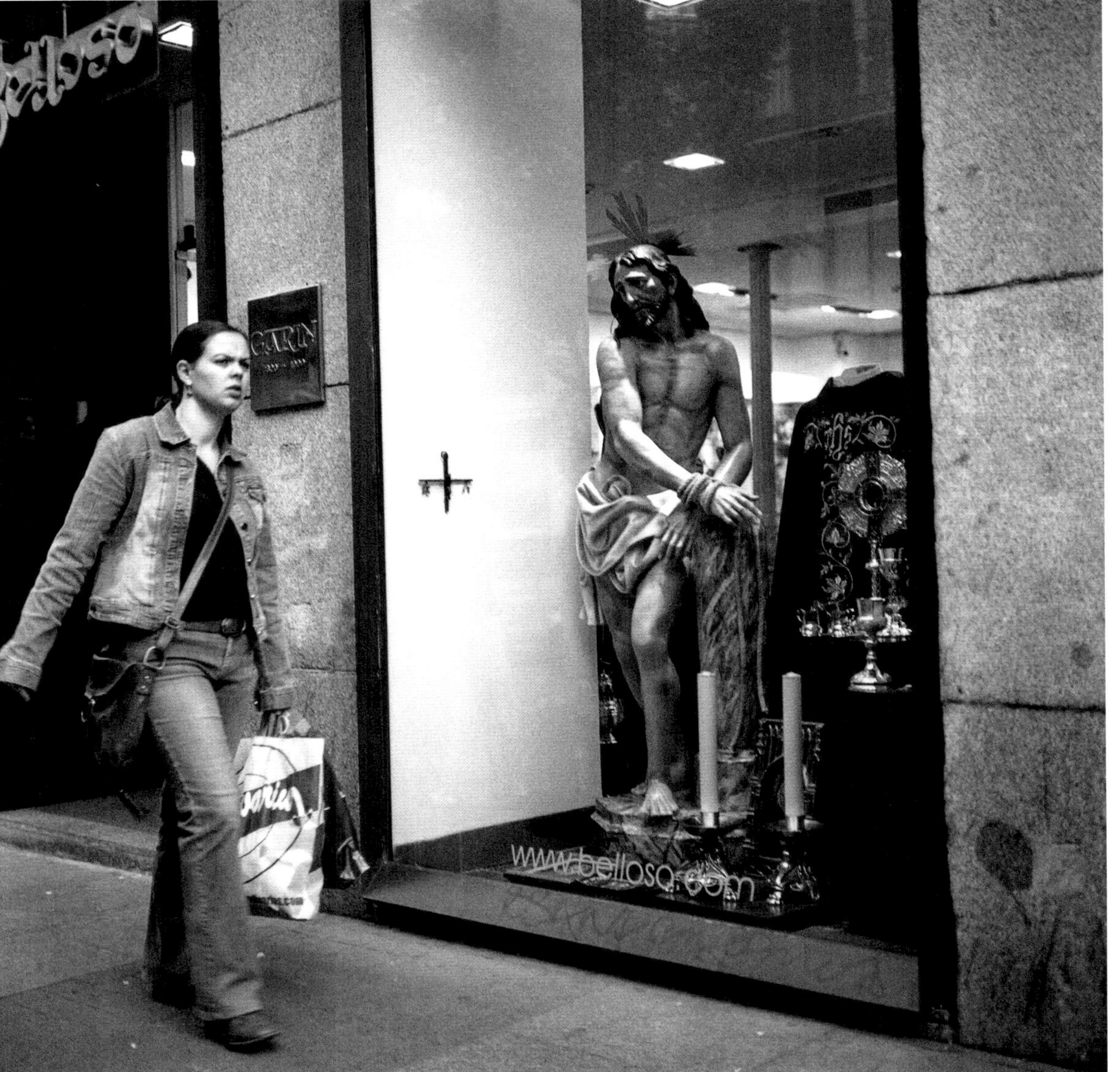

www.belloso.com

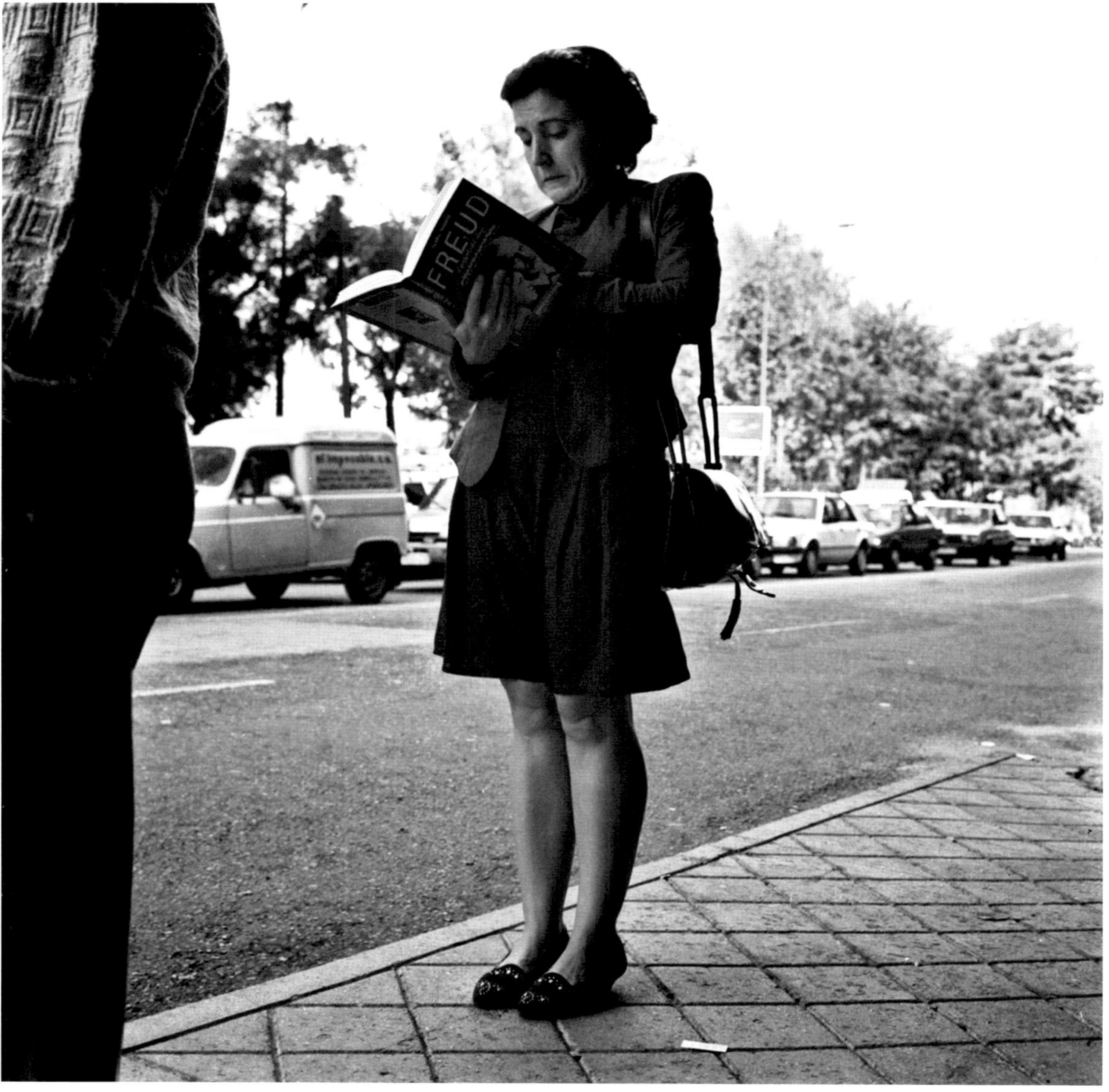
FREUD

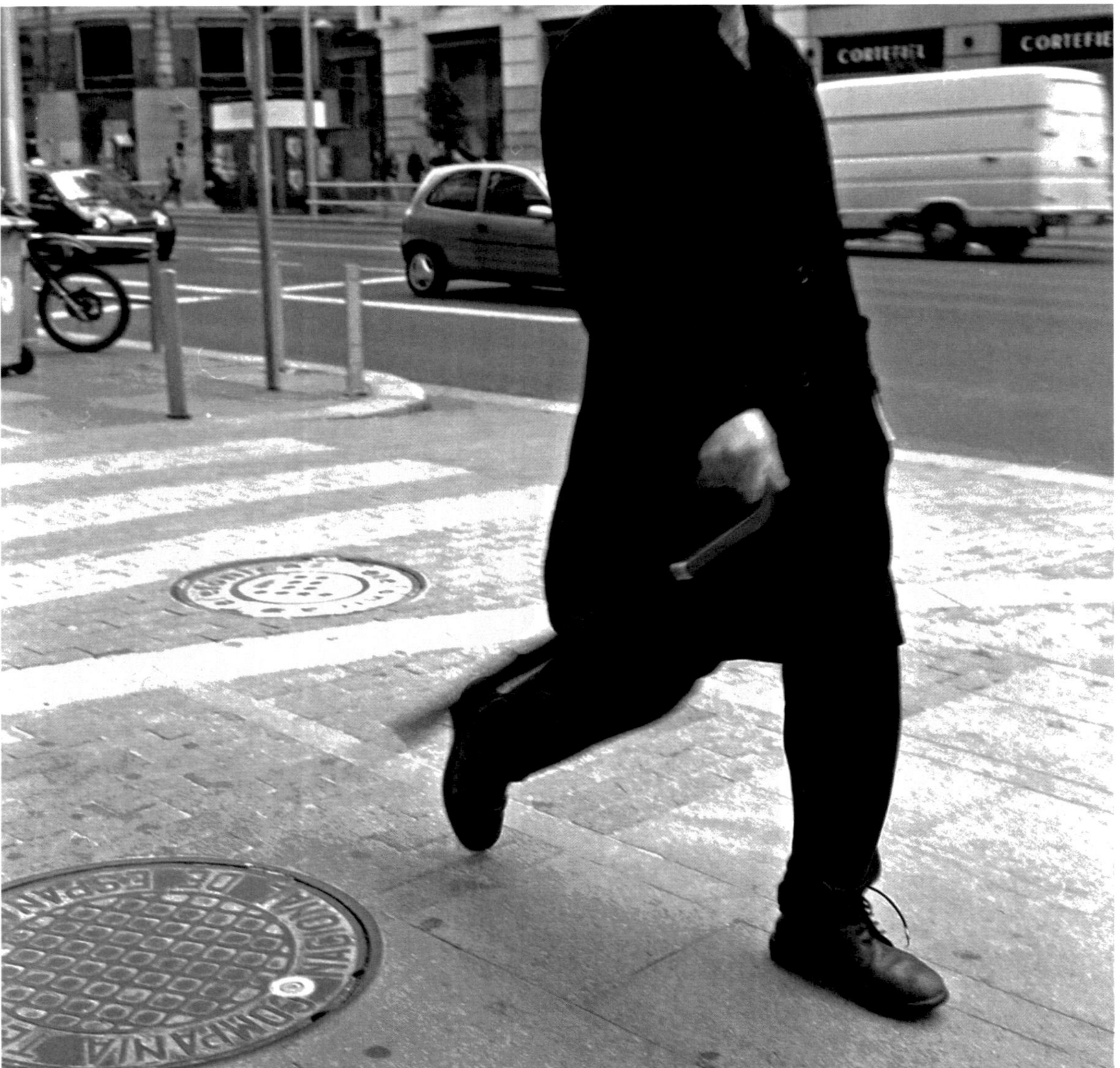
CORTEFIEL
CORTEFIEL

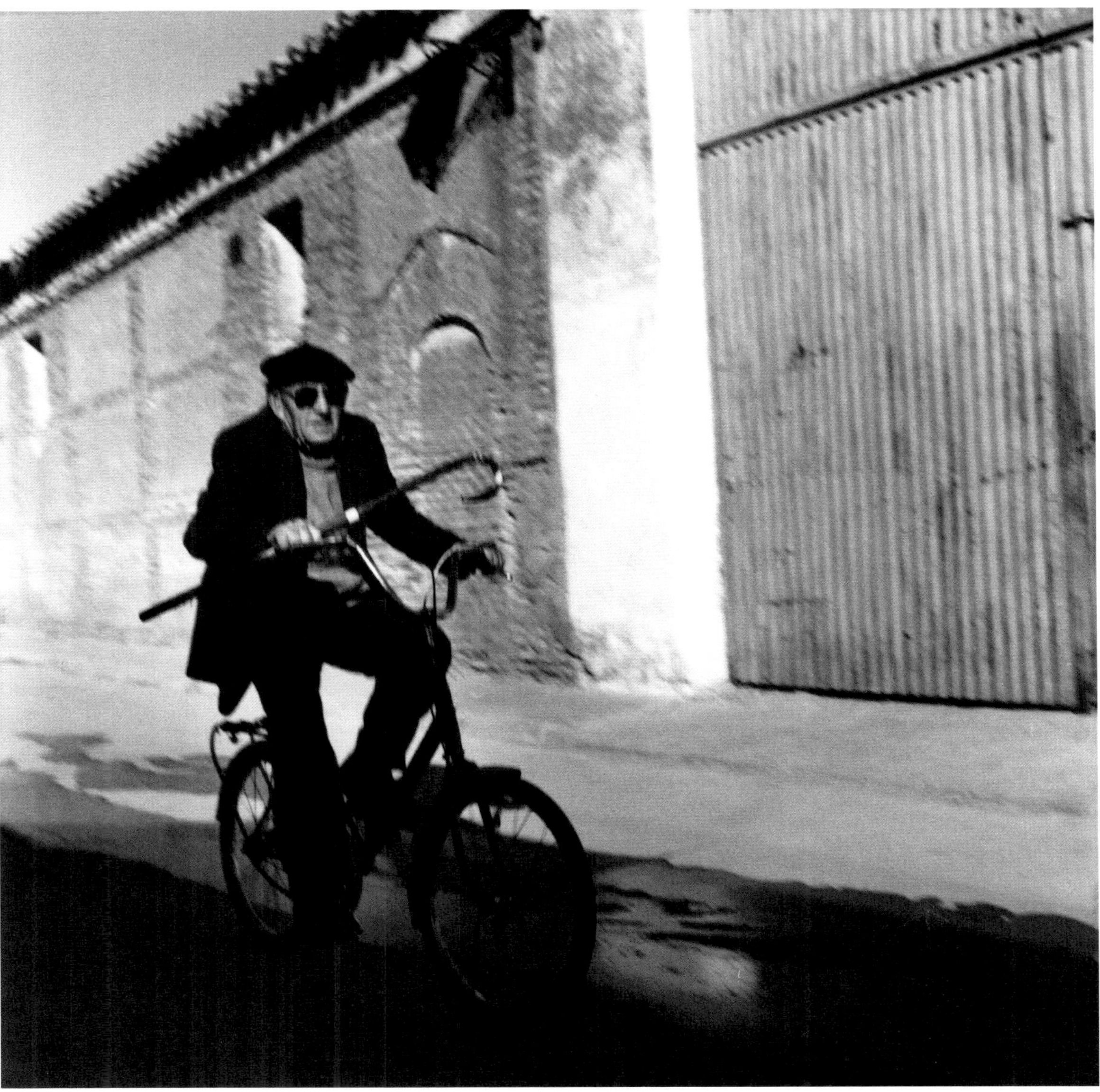

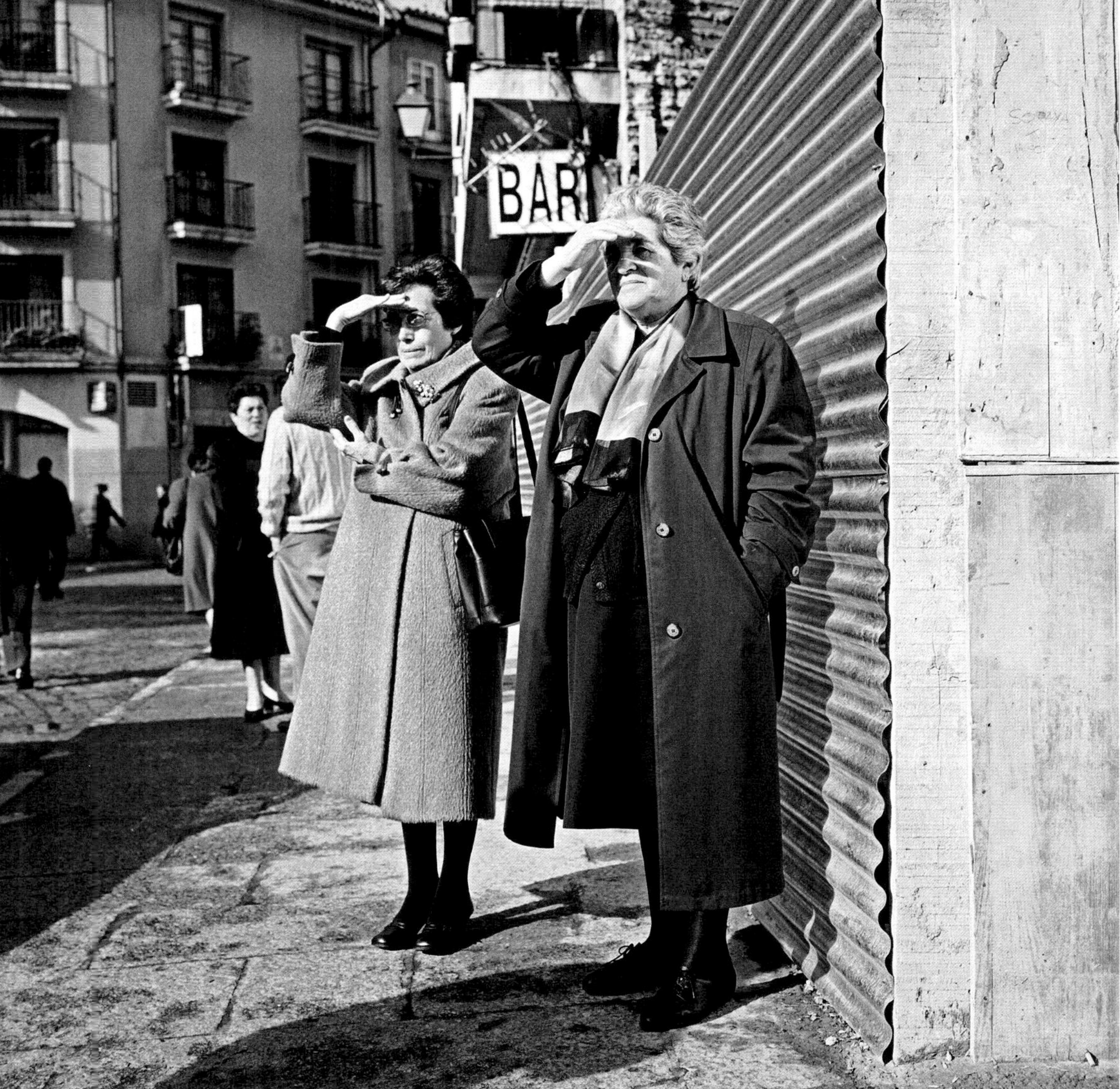
BAR

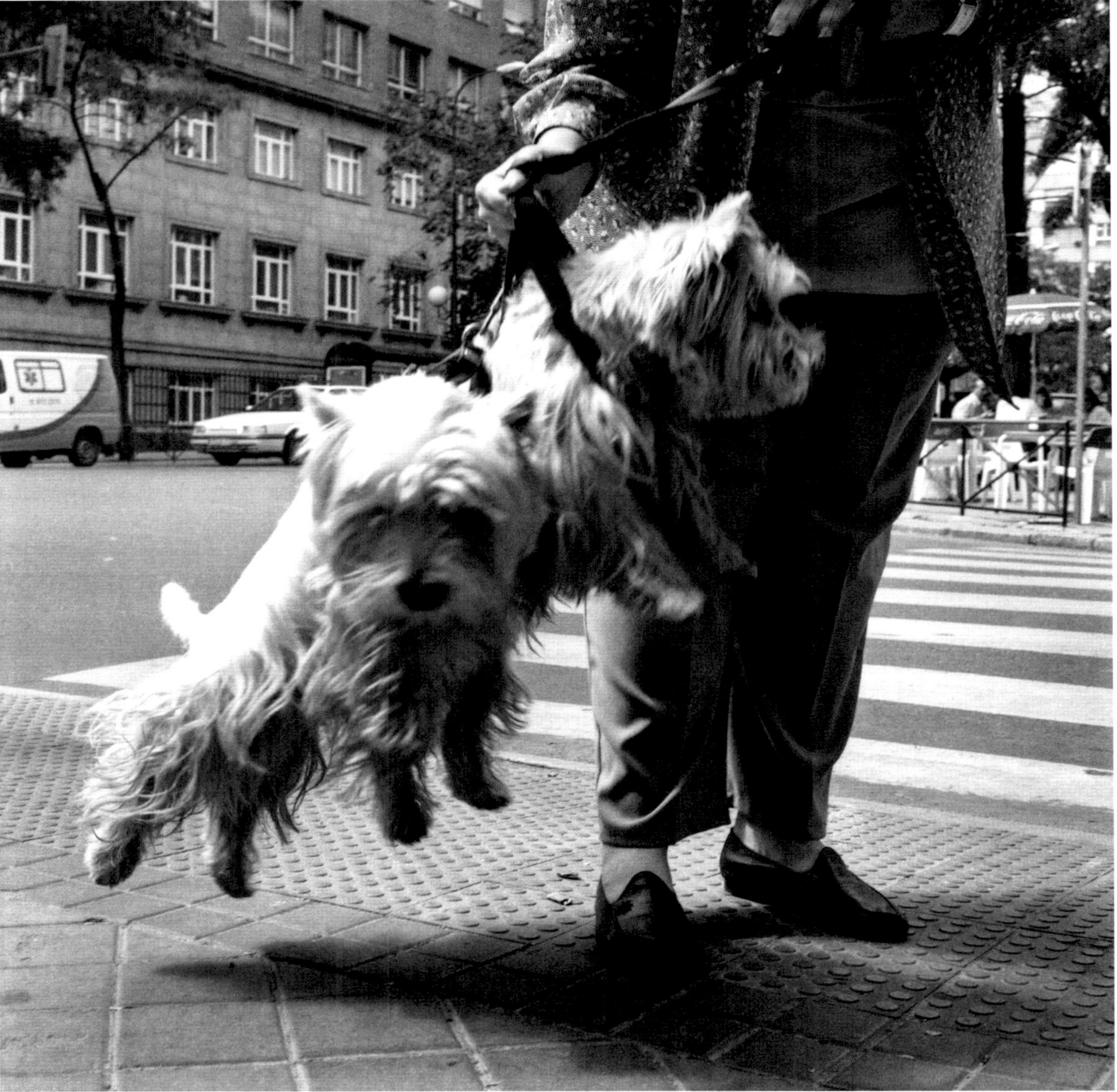

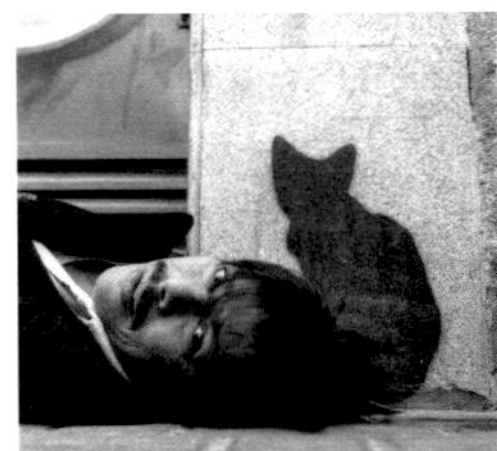

Autorretrato con gato, Madrid, 2004

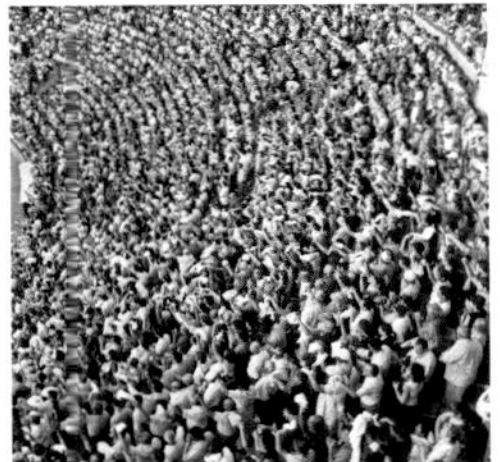

Las Ventas, Madrid, 2000

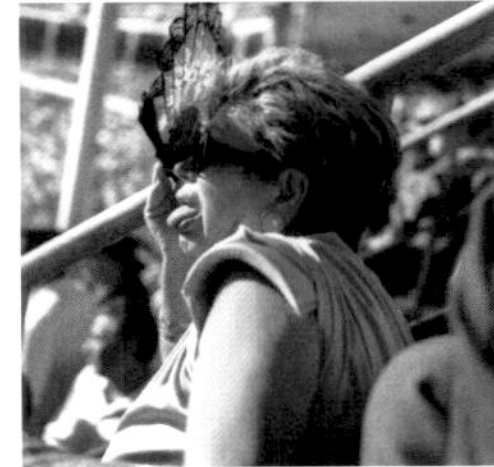

Mala faena, Las Ventas, Madrid, 1995

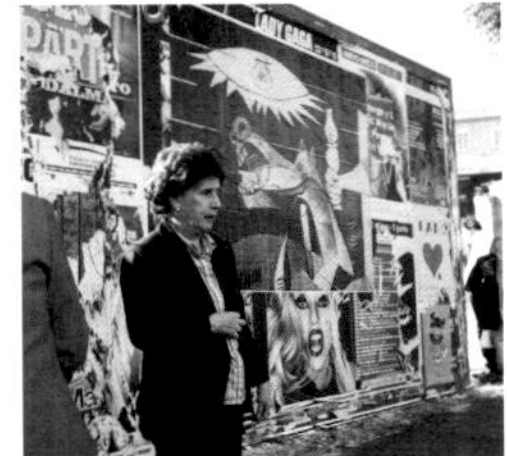

Mujer Guernica, Madrid, 2011

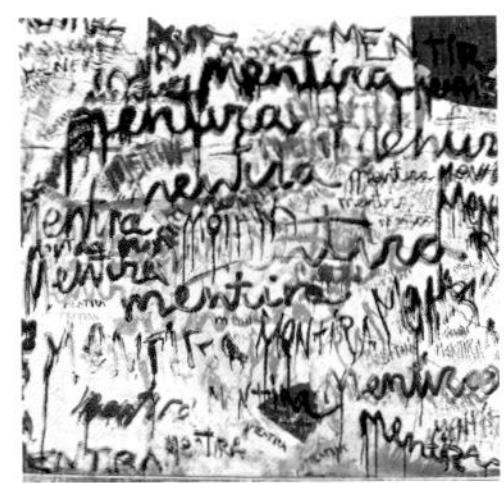

Grafiti, Madrid, 2014

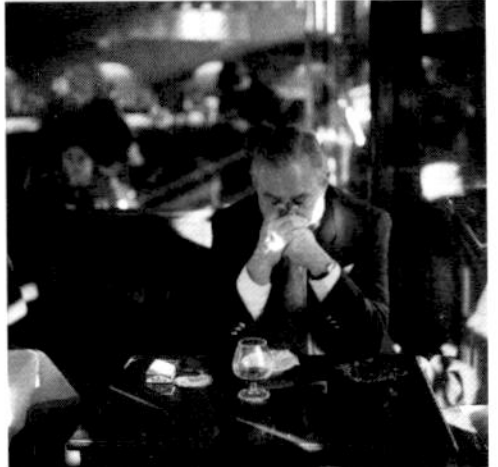

Hombre con puro, 2003

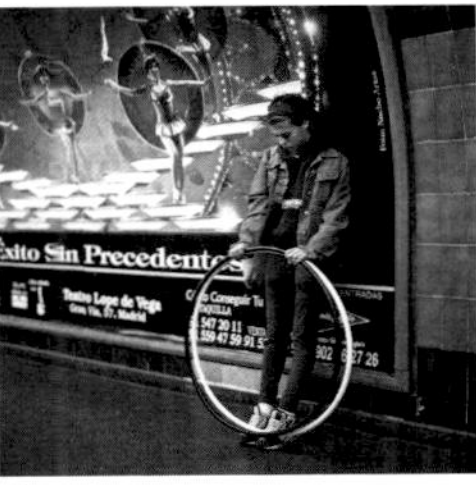

Éxito sin precedentes, Madrid, 2000

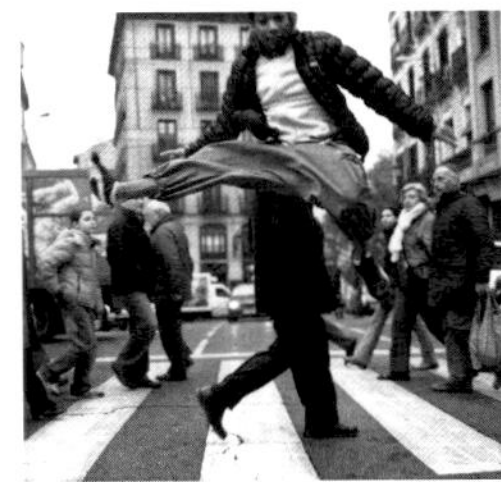

Hip hop, Madrid, 2008

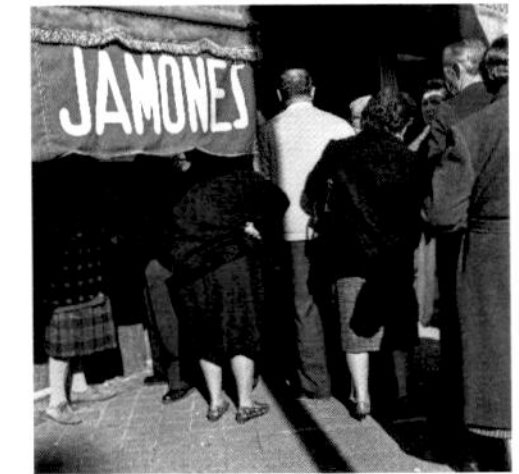

Jamones, Madrid, 1987

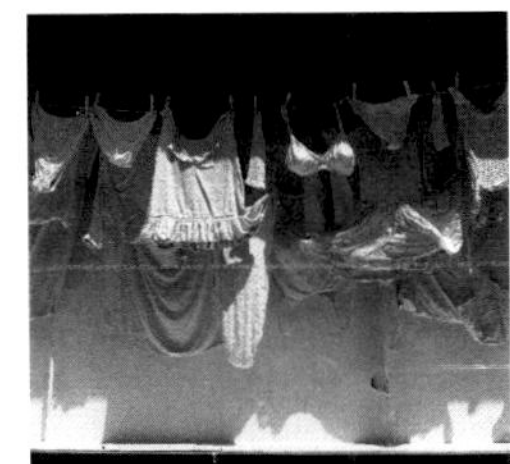

Ropa tendida, 2000

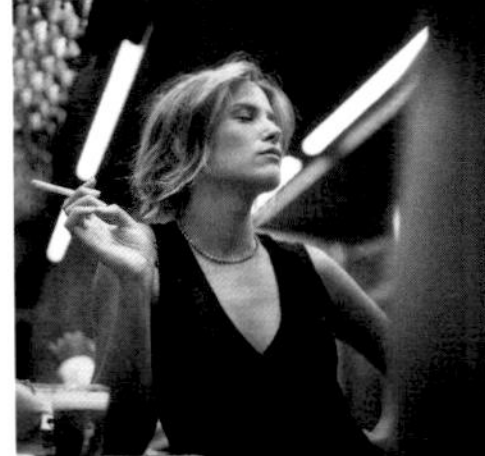

El diamante, Madrid, 2004

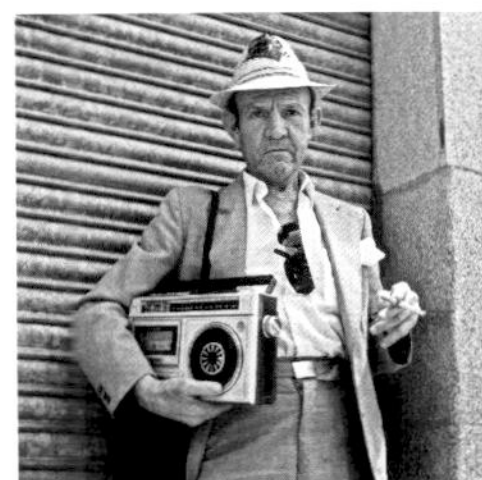

Tomatazo mix, Madrid, 1991

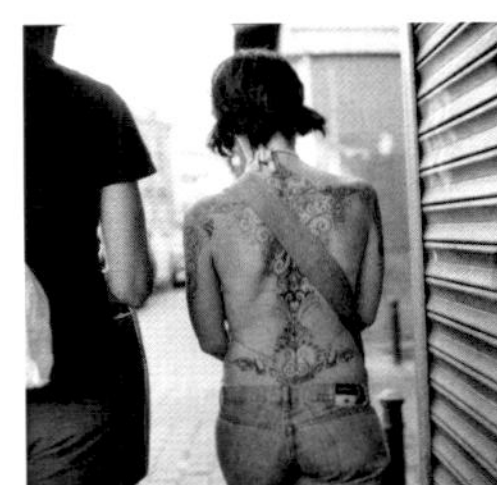

Tatoo, Madrid, 2004

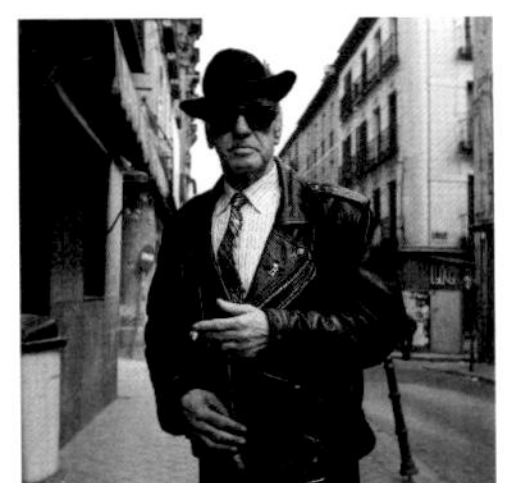

Madriles, Madrid, 1992

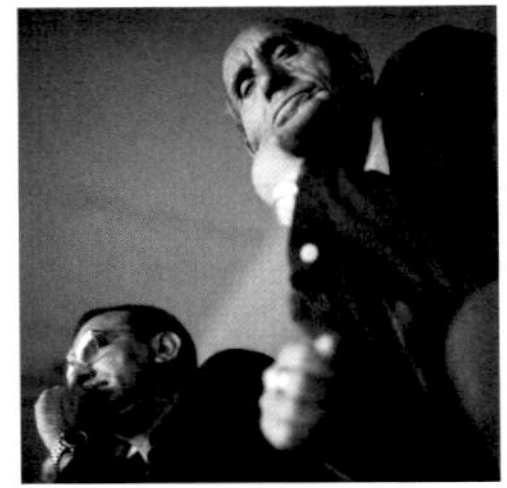

Viejo en los toros, Madrid, 1995

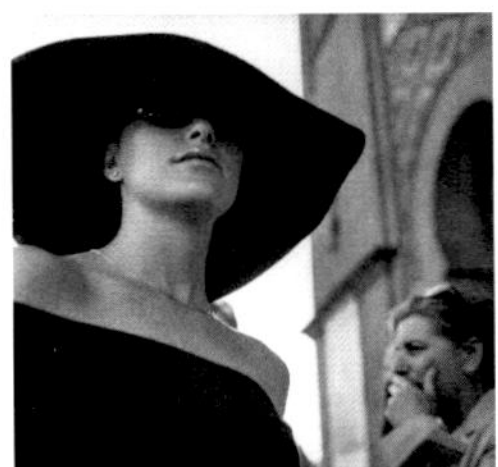

Pamela, Madrid, 2003

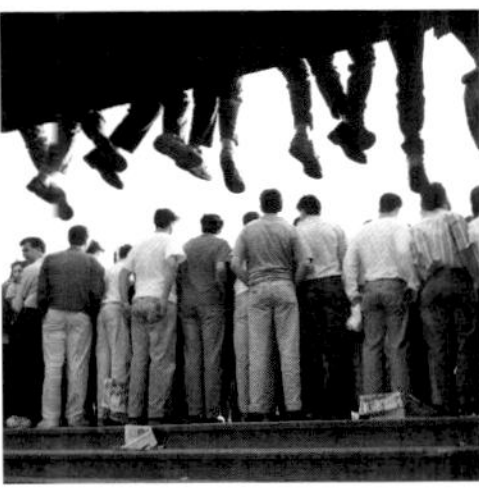

Piernas colgando, Bernabéu, Madrid, 1992

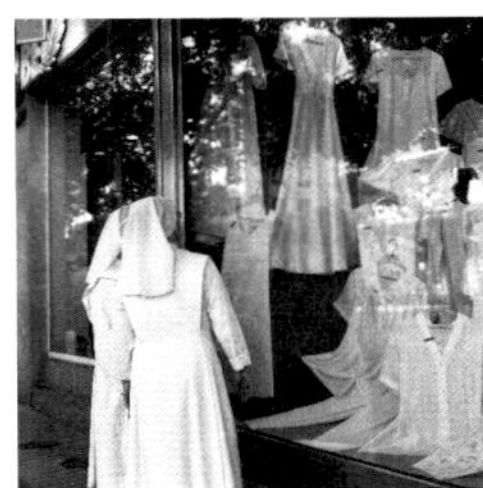

Lencería clerical, Madrid, 2002

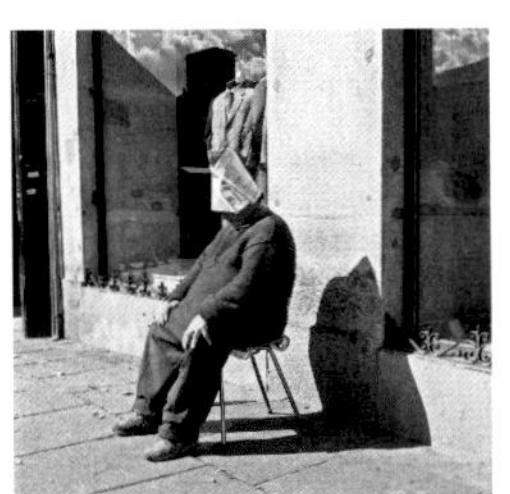

Hombre con cabeza tapada, 1995

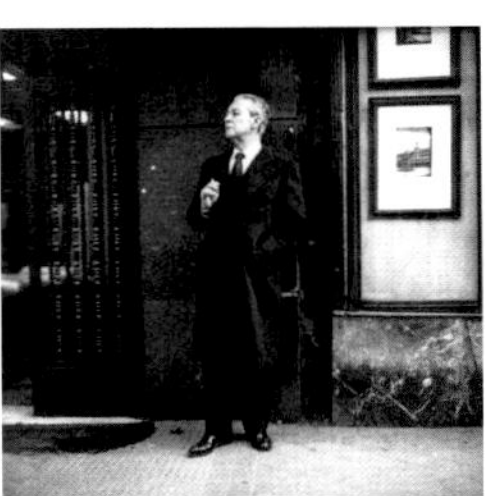

Hombre que fuma, Madrid, 1992

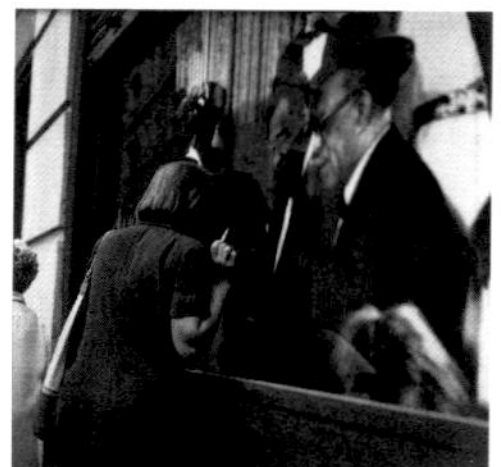

La reojera, Madrid, 2006

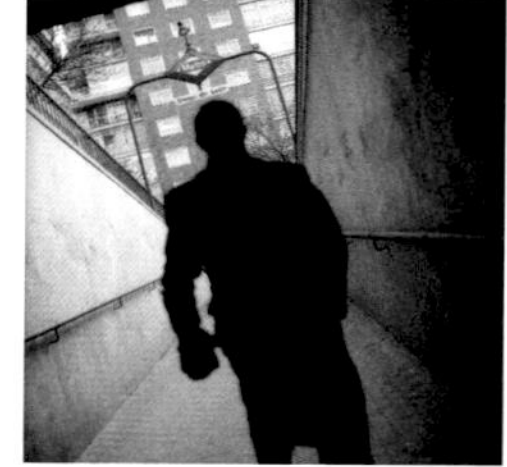

Hombre en el metro, Madrid, 2000

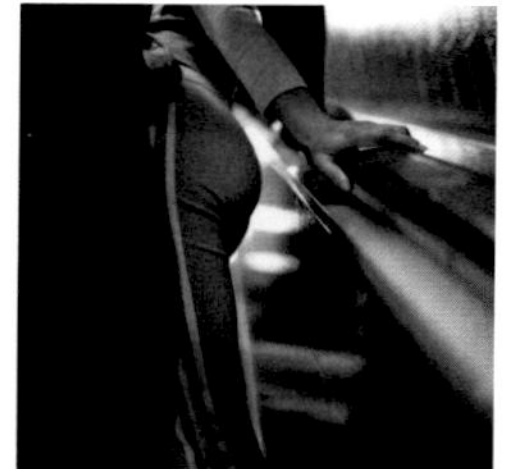

Upstairs, Madrid, 2003

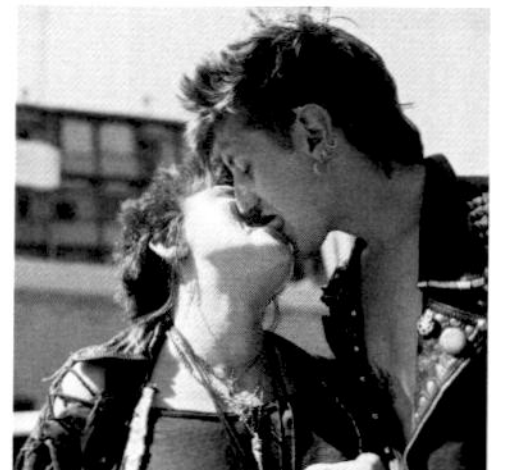

Beso, 1994

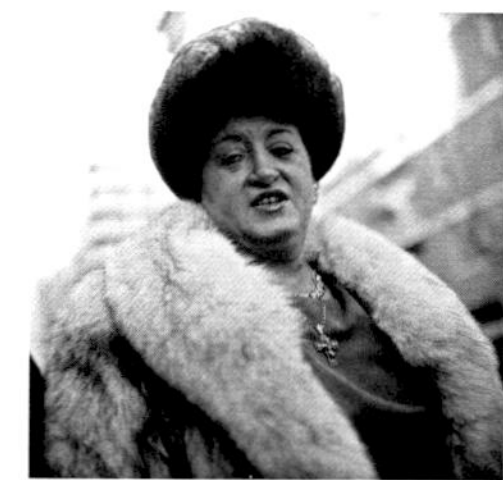

Feligresa, Zamora, 2000

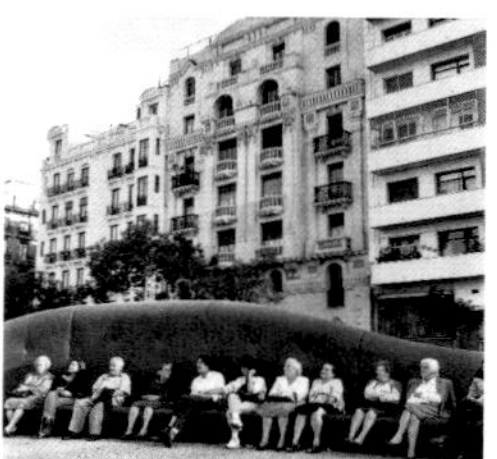

Viejos, Madrid, 2002

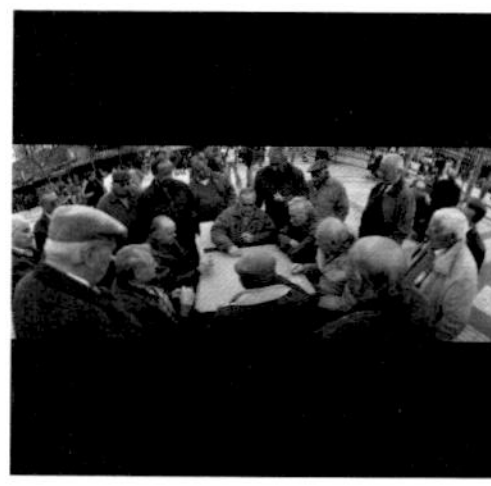

Viejos jugando, sin fecha

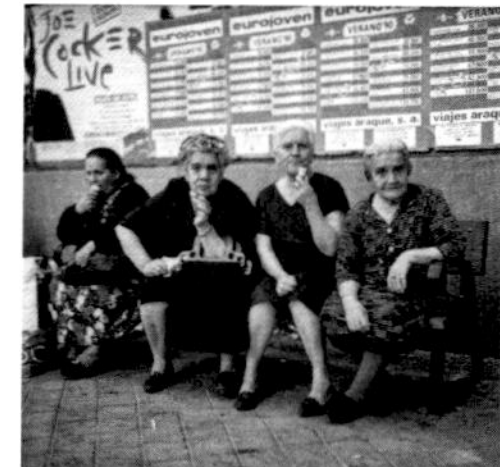

Mundo joven, Madrid, 1990

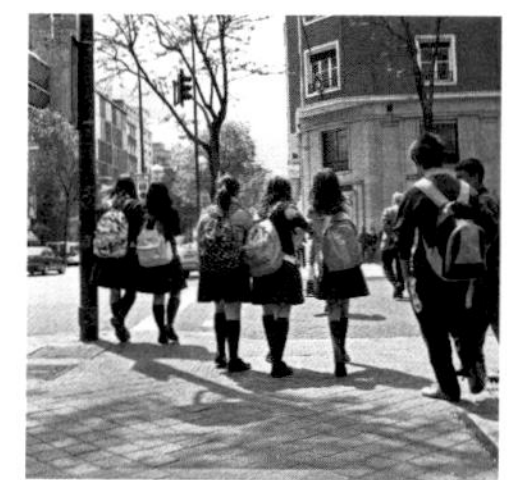

Salida cole, Madrid, 2006

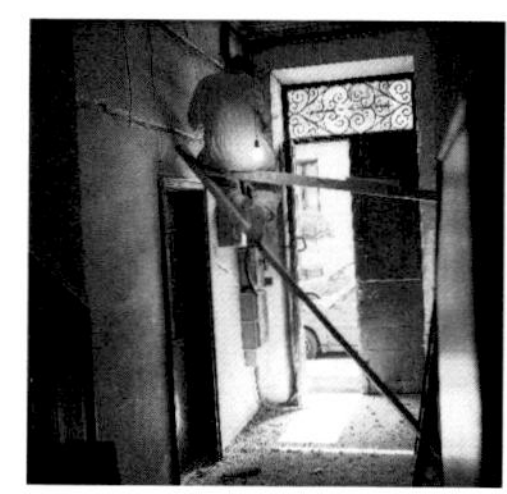

Electricista equilibrista, Madrid, 1991

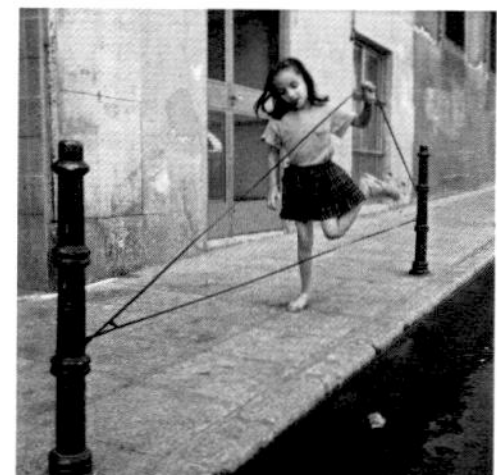

Ella juega sola, Madrid, 1990

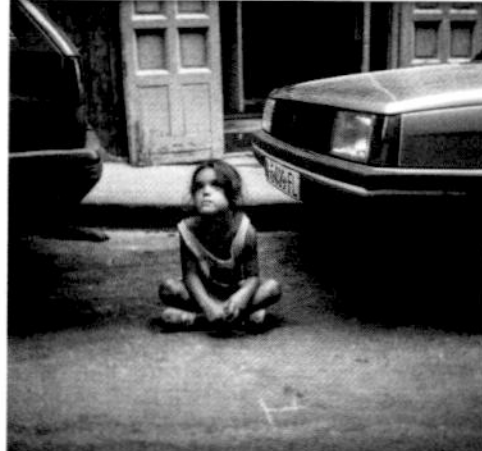

Niña entre coches, Madrid, 1995

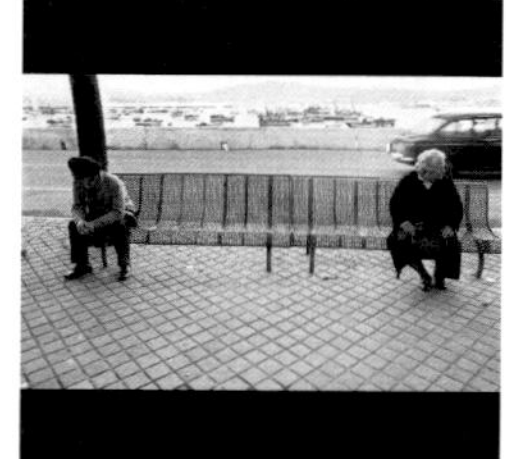

Momentos decisivos, 1983

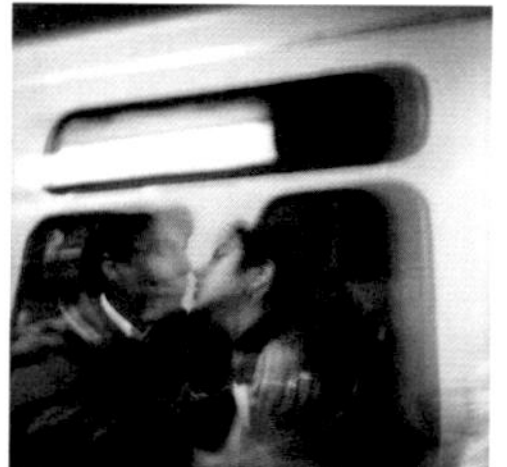

Pareja metro, Madrid, sin fecha

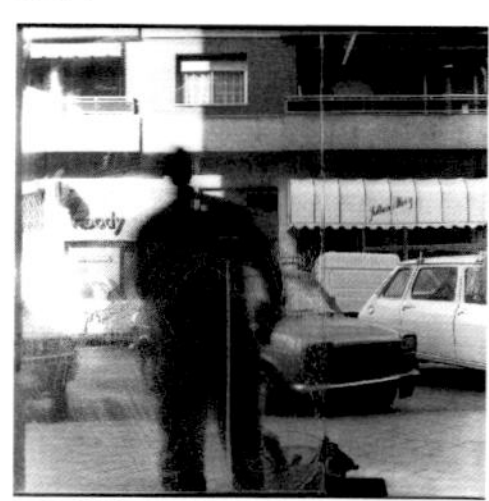

Limpiacristales fuss...!, Madrid, 1985

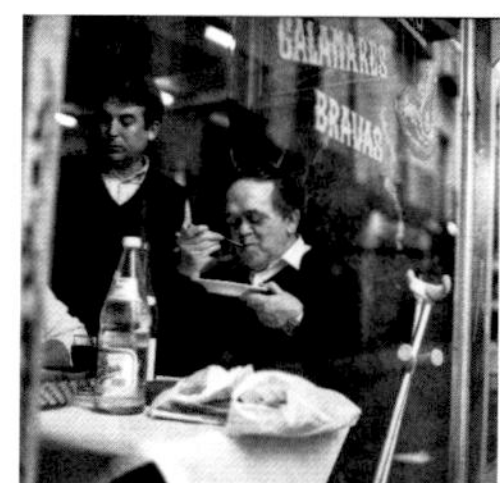

Hombre en restaurante, Madrid, 1996

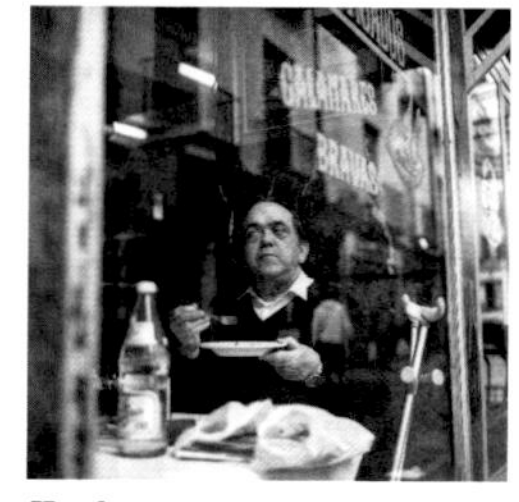

Hombre en restaurante, Madrid, 1996

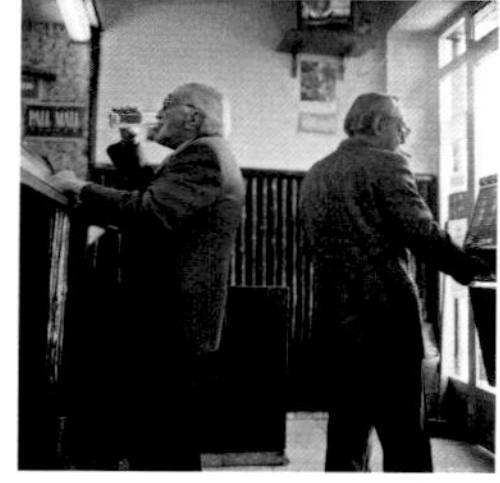

Dos hombres bar Tragaperras, 1997

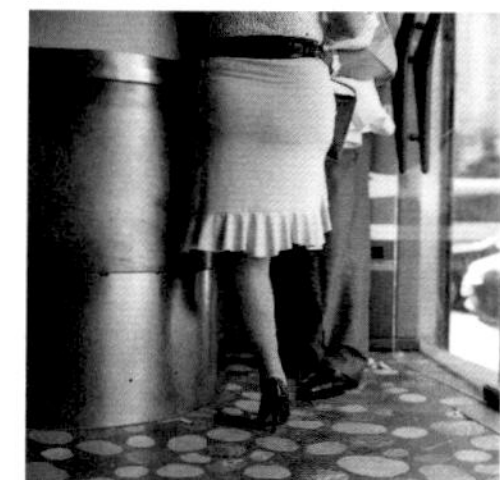

La calesera, Madrid, 2003

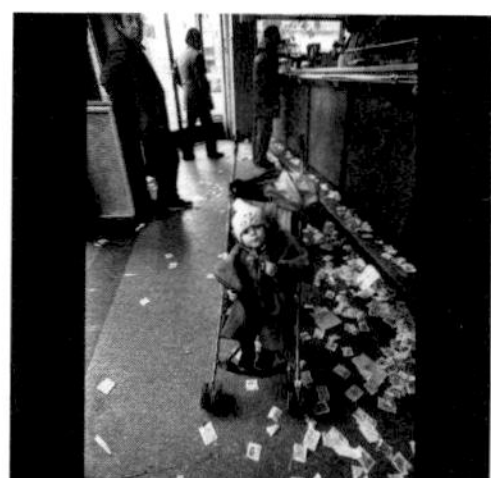

Tyra, Madrid, 1982

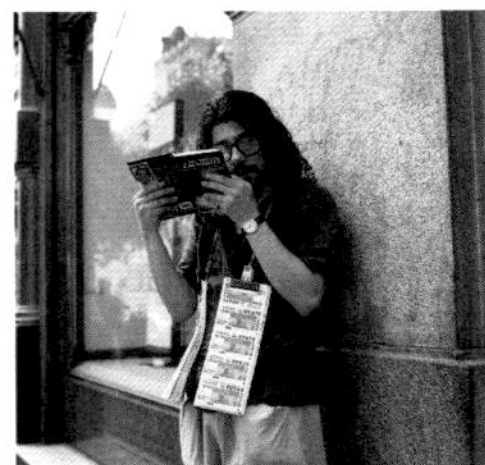

Así habló Zaratustra, Madrid, 2001

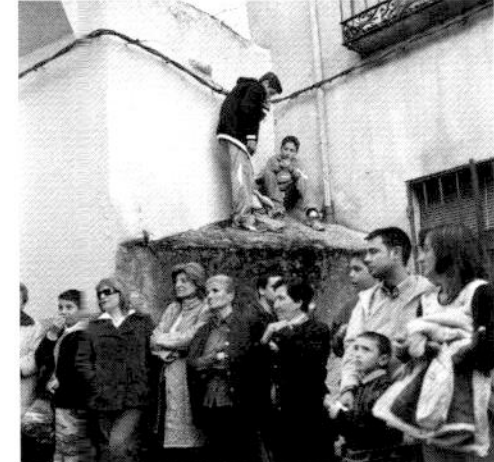

Zamora, 2006

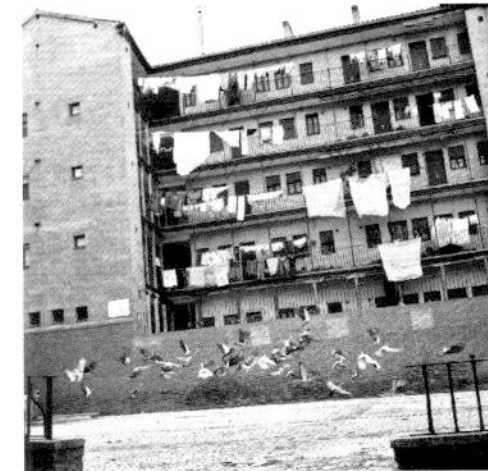

Corrala con ropa tendida, Madrid, 1991

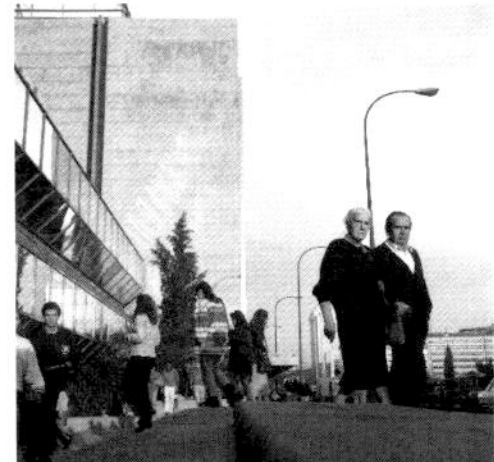

Viejos rascacielos, Madrid, 1994

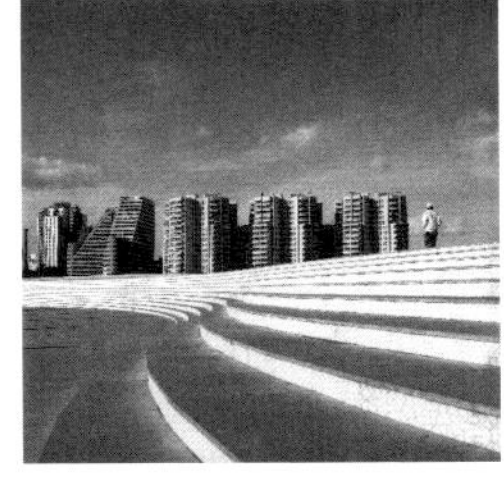

Ciudad de las Ciencias, Valencia, 2008

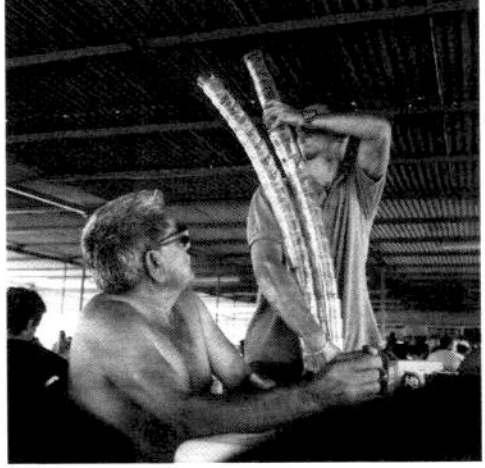

Camarero con vasos, Murcia, 2004

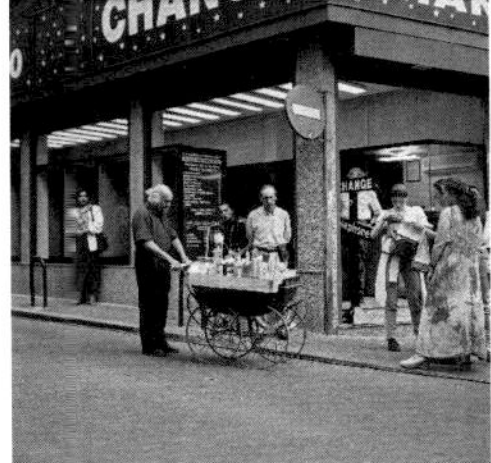

Vendedor de bebidas, Madrid, 1997

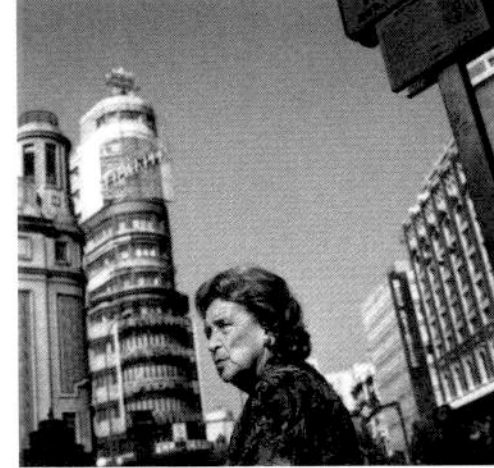

Schweppes mujer, Madrid, 1995

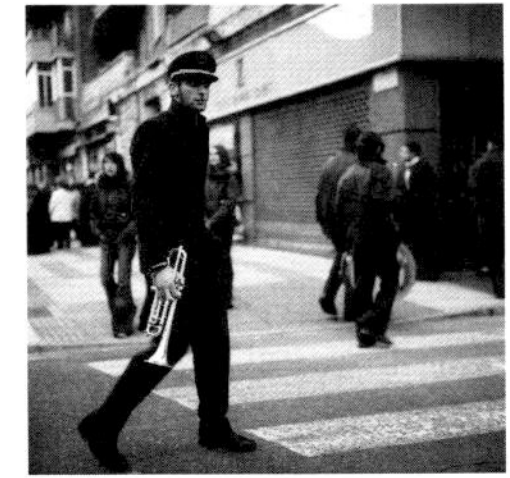

Trompetista, Zamora, 2006

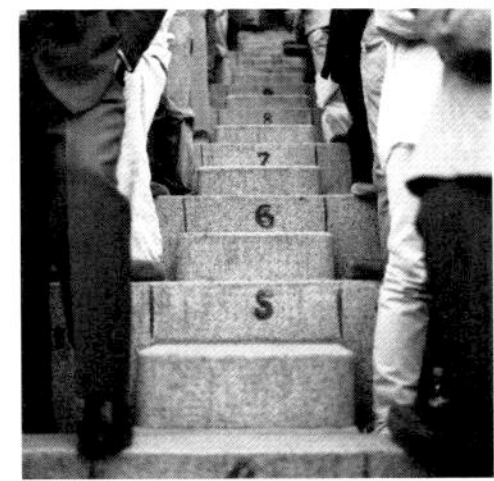

Las Ventas, Madrid, 2000

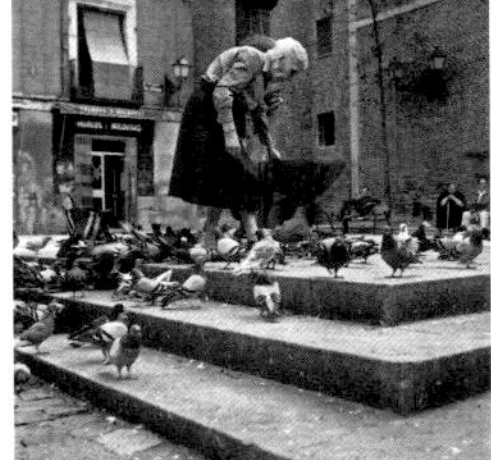

Vieja con palomas, Madrid, 1990

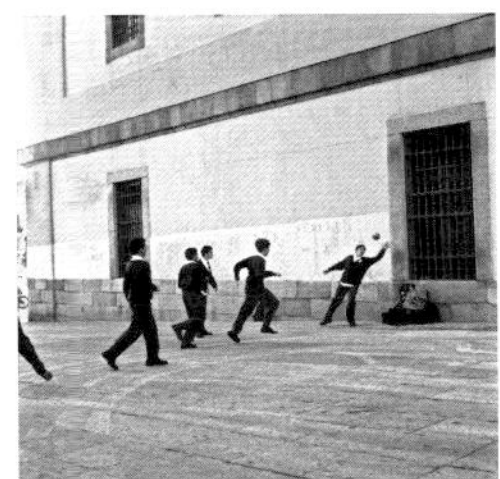

Recreo, Madrid, 1995

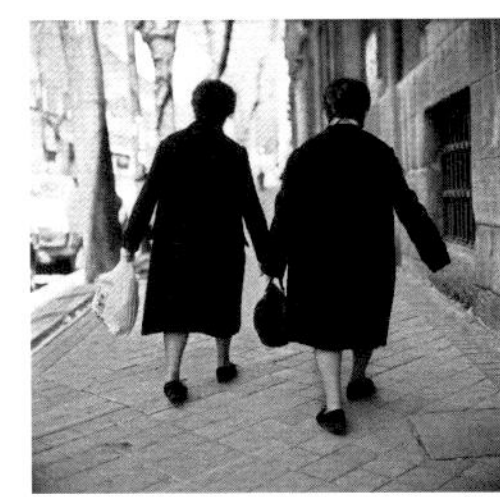

Par de dos viejas, Madrid, 1990

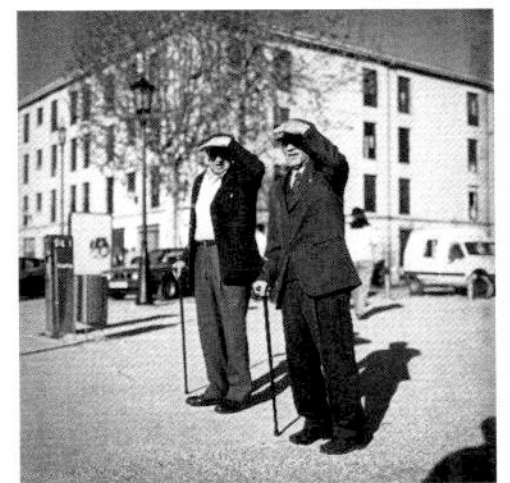

Par de dos viejos, Zamora, 2006

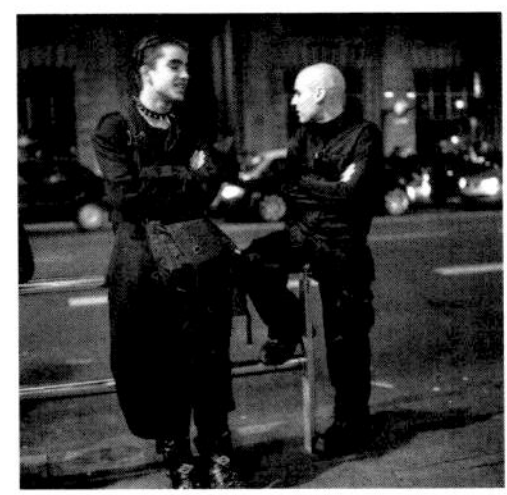

Punkis, Madrid, 2003

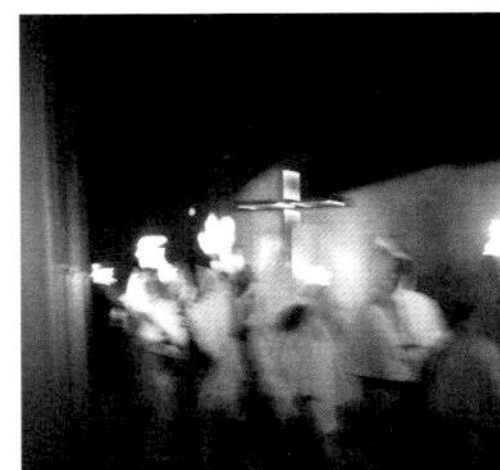

El fuego de la cruz, Zamora, 2001

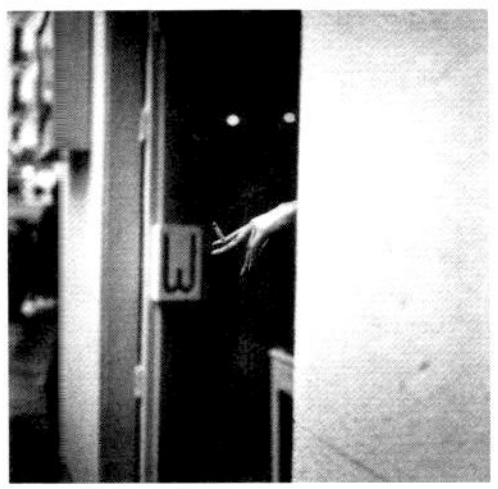

Un piti, Madrid, 2005

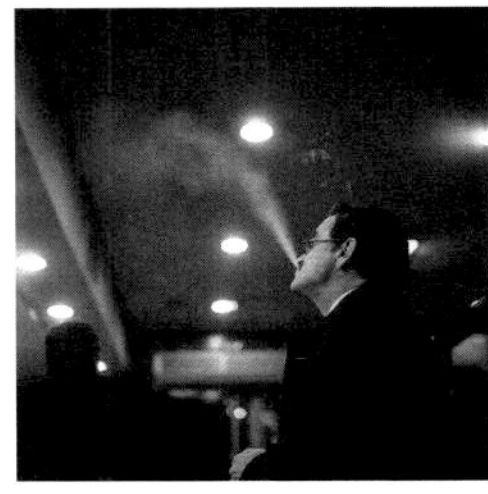

El jamonal, Madrid, 2006

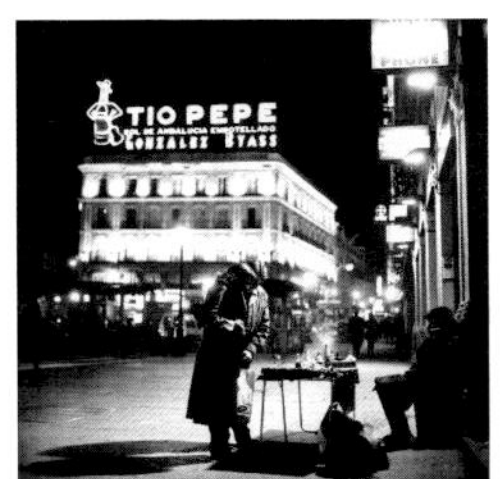

Tío pepe, Madrid, 1997

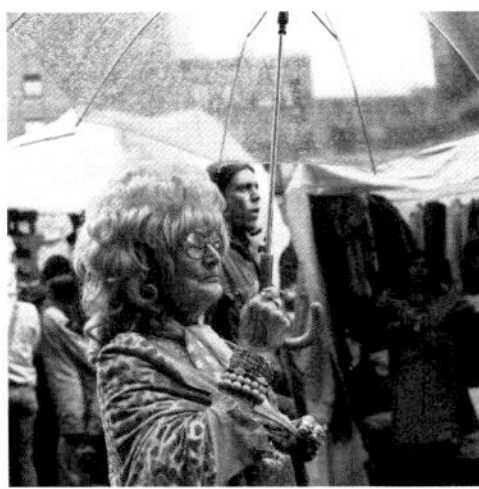

Rubia platino, Madrid, 2003

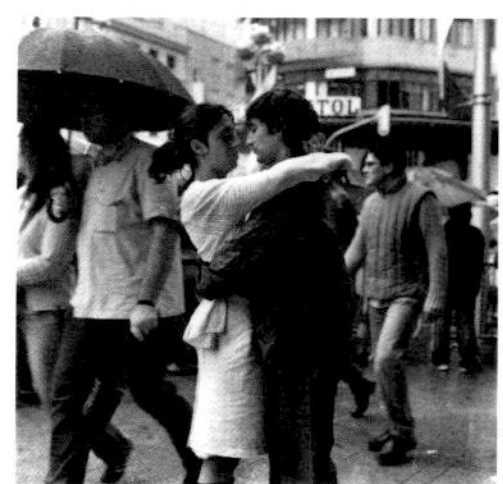

Una pareja real, Madrid, 2004

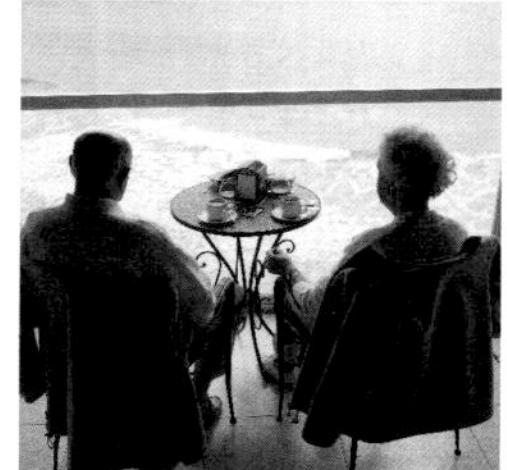

Benidorm, 2003

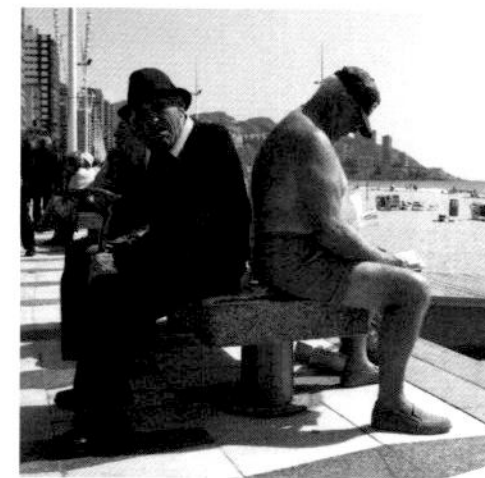

Benidorm, 2003

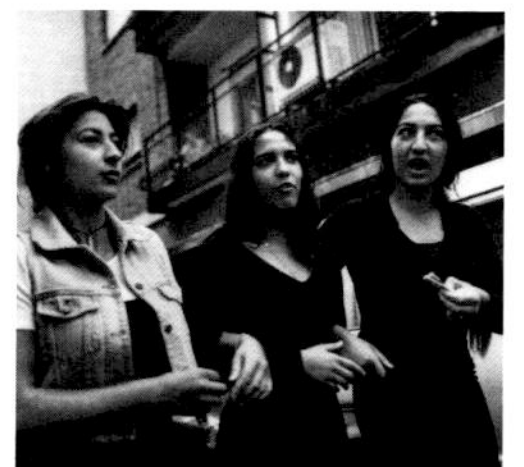

Gitanas, Madrid, 1997

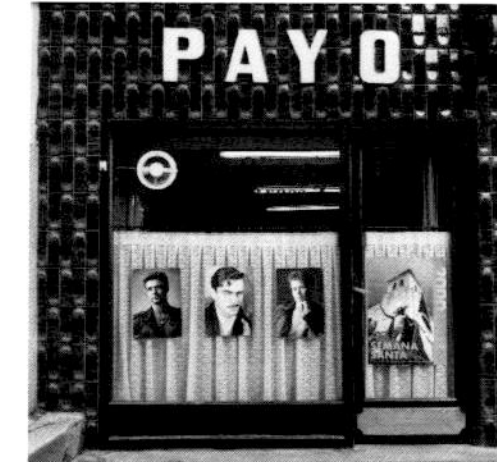

Payo, Zamora, 2000

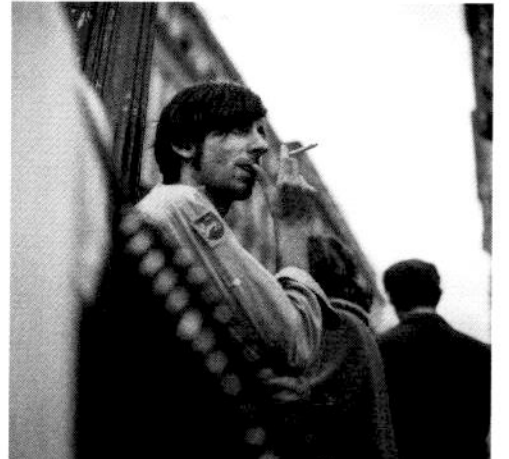

Hombre que fuma, Madrid, 2004

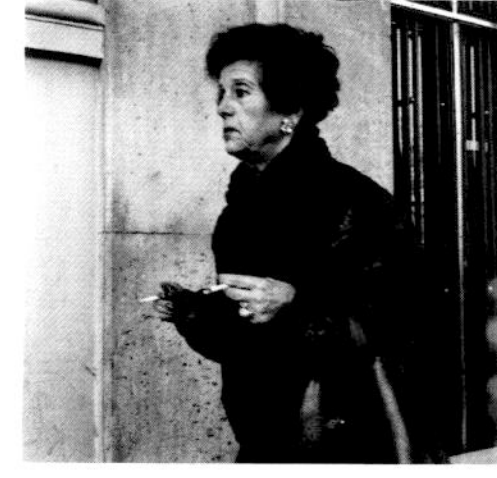

La doña no fuma sola, Madrid, 2001

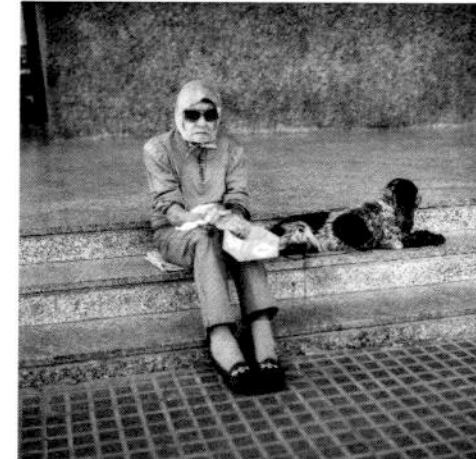

Vieja, Madrid, 1995

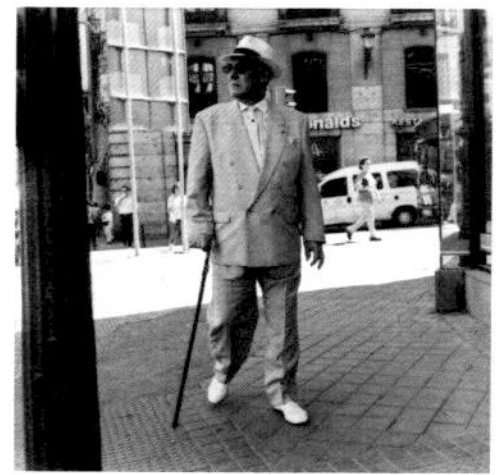

Hombre con bastón, sin fecha

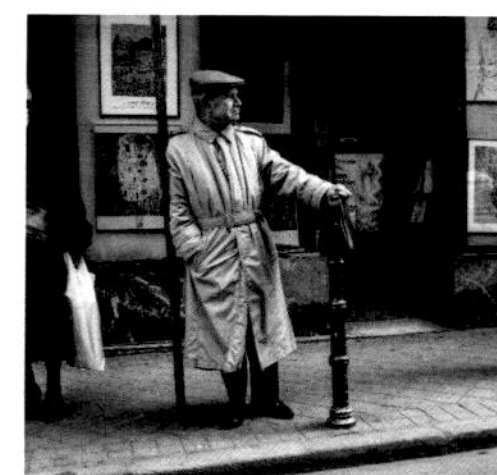

Hombre, Madrid, 1992

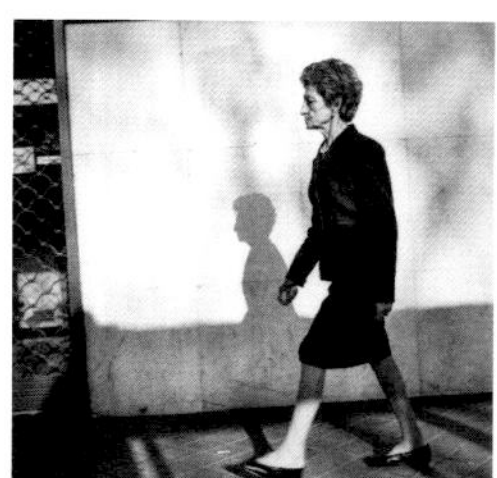

Vieja, Madrid, 2006

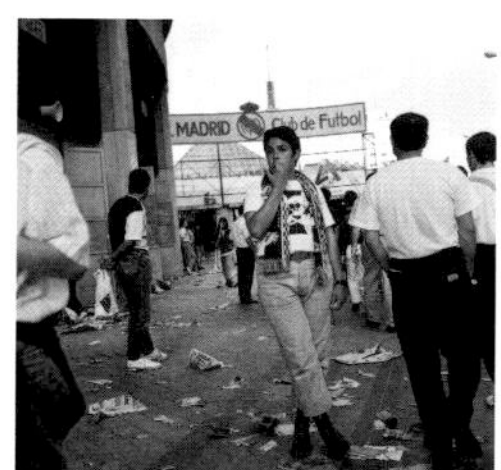

Futbol, Madrid, Bernabéu, 1992

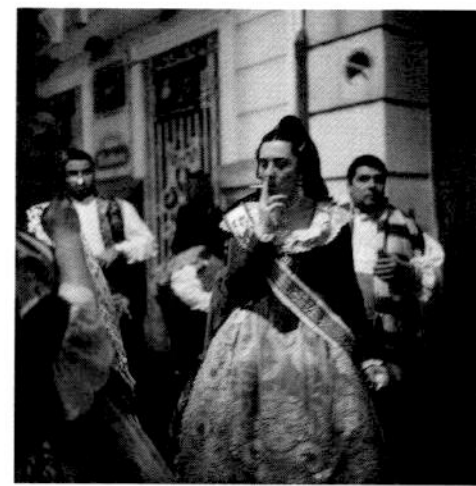

Fallera fumando, Valencia, 2008

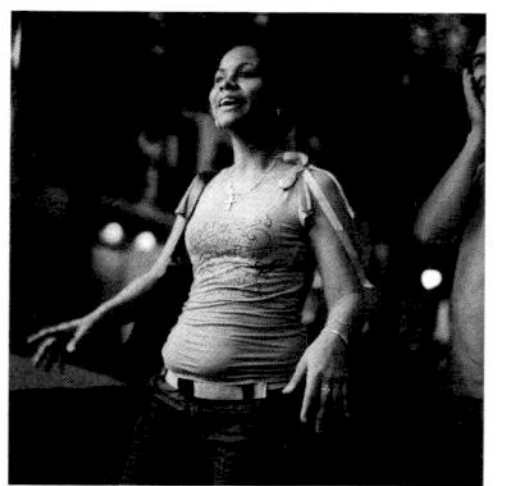

Mujer, 2006

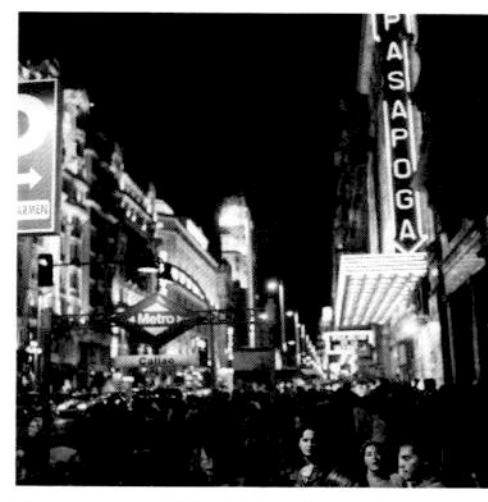

Pasapoga, Madrid, 2003

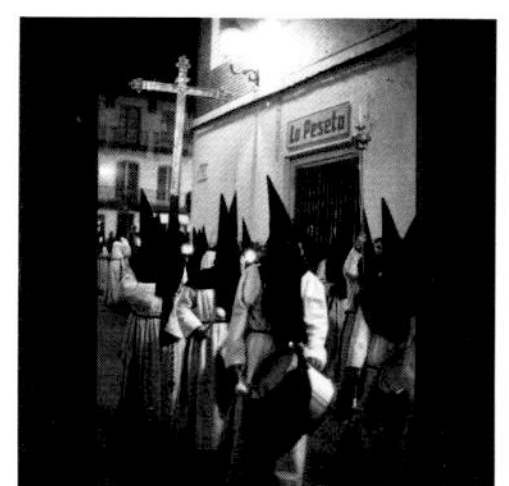

La peseta, Zamora, 2001

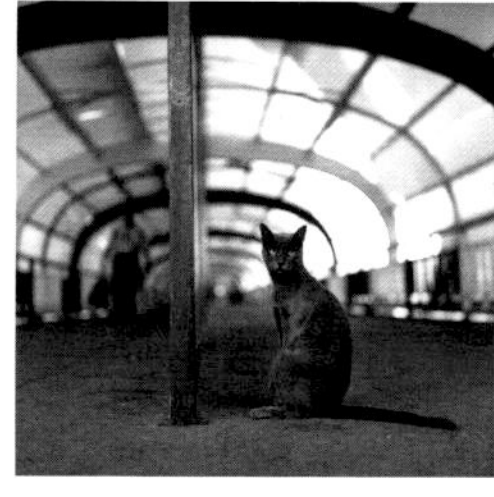

Batman, 1995

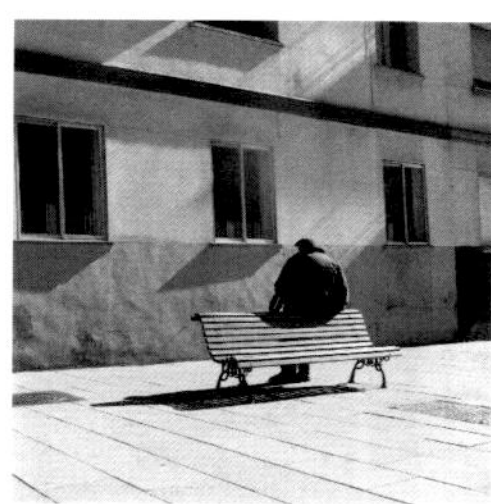

Hombre banco, 2012

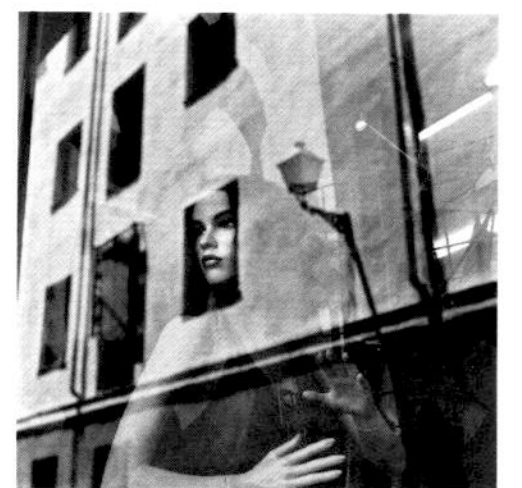

Alicia, Madrid, 2003

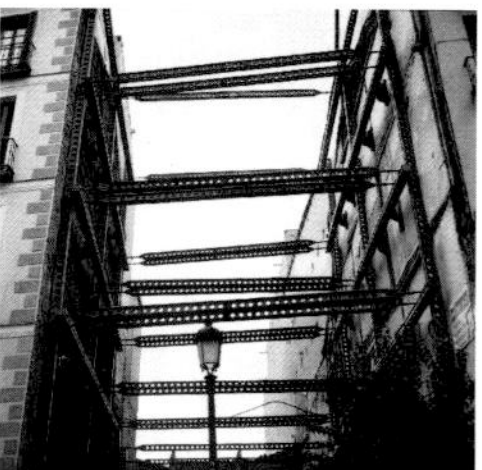

Sin título, Madrid, 2006

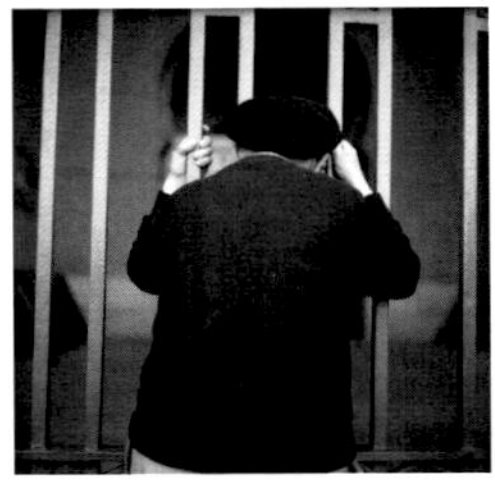

Ojo al oído, Madrid, 1991

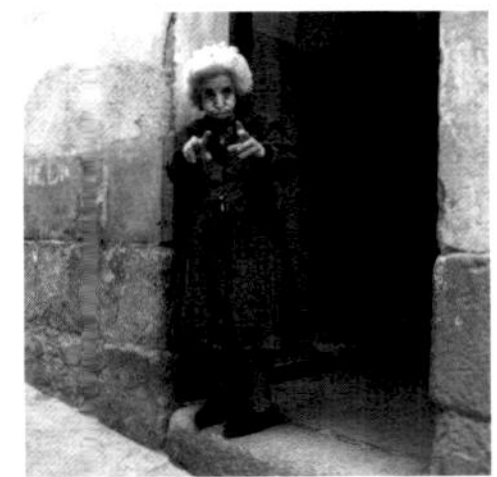

Tía Maruja, Madrid, 1991

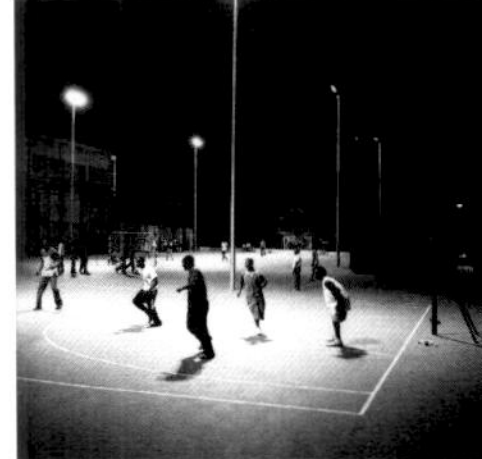

Partido, 2006

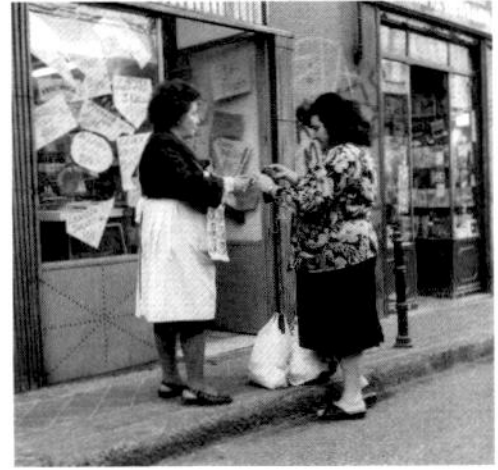

Madrid, sin fecha

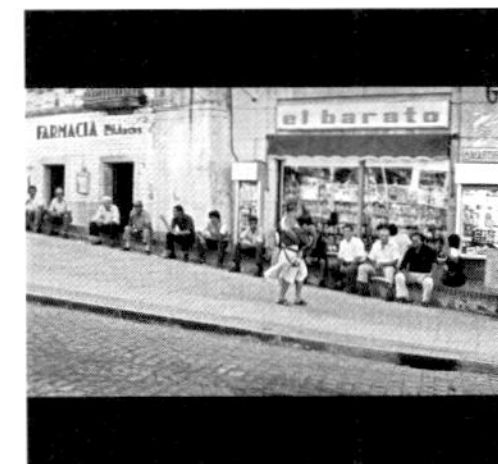

El barato, 1983

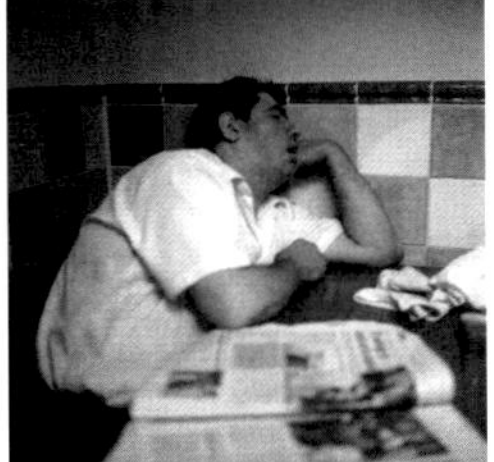

Un break (Sobadillo), Valencia, 2008

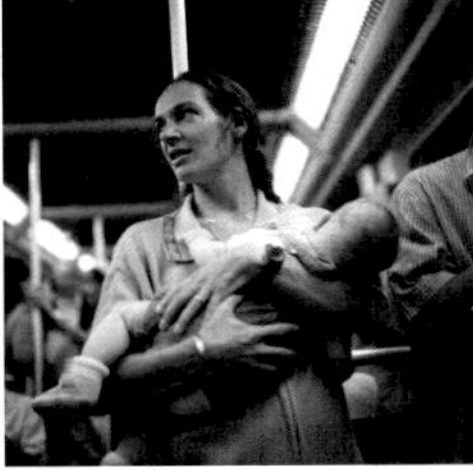

Madonna con niño, Barcelone, 2002

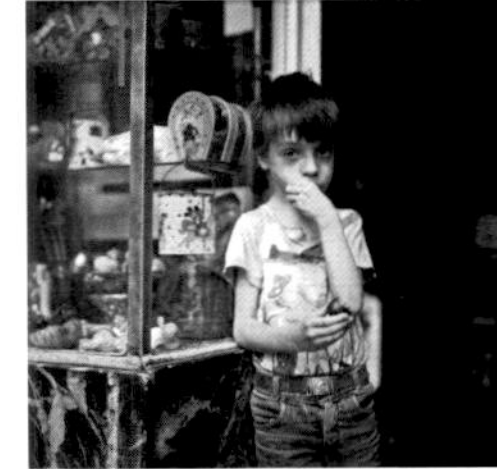

Niño triste, Madrid, 1990

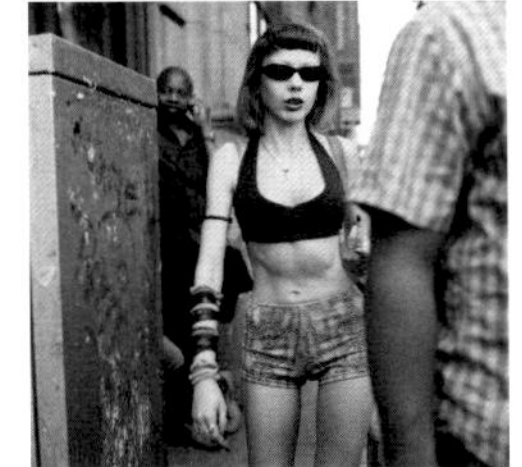

Anorexia, 2005

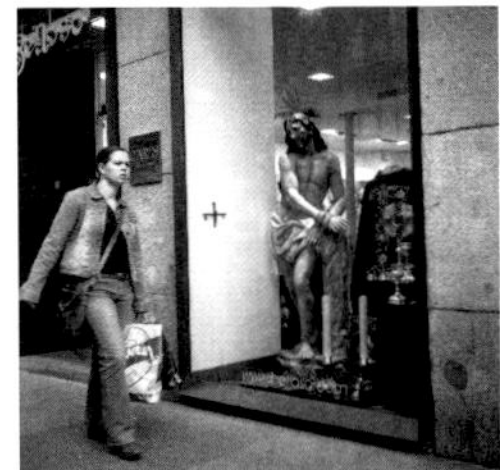

Cristo, Madrid, 2006

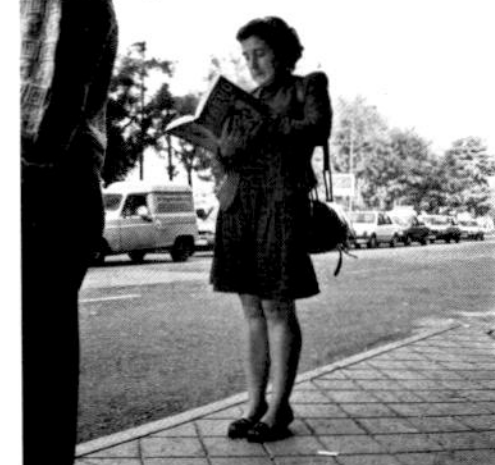

Freud, Madrid, 1990

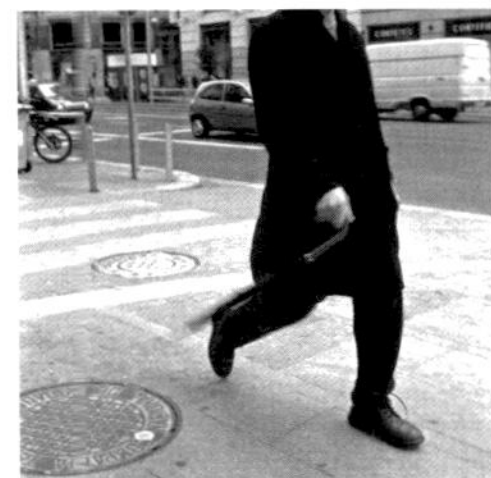

Hombre con bastón, 2003

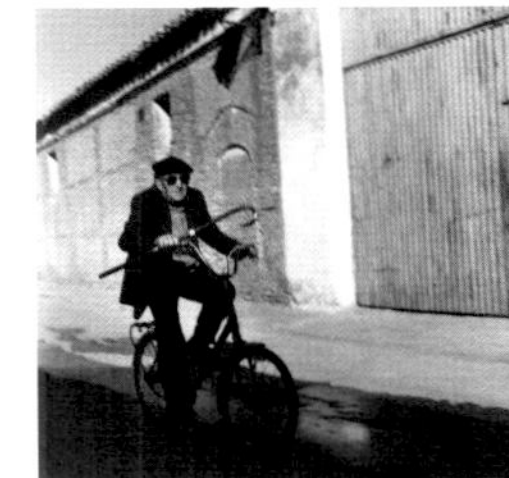

Hombre con bici, Avila, 2005

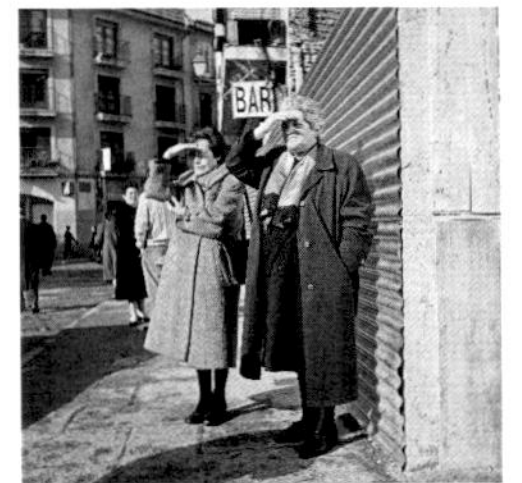

Viejas mirando, Zamora, 1999

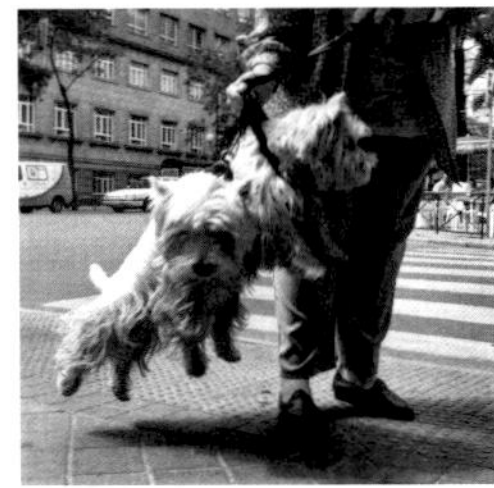

Perros, Madrid, 1997

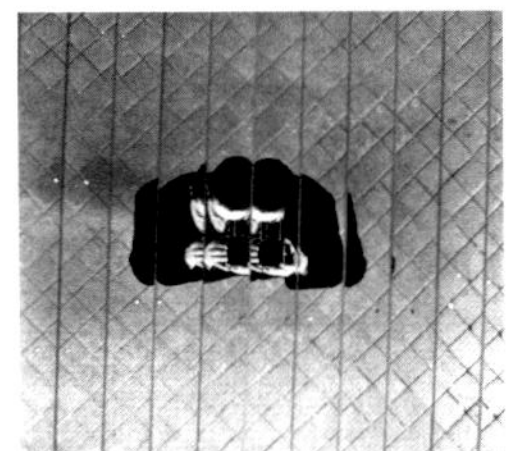

Autorretrato, Madrid, 1984

RM quiere agradecer expresamente a Paloma Castellanos, quien nos acercó a este libro tan significativo, tanto por tratarse de un fotógrafo tan admirado como Luis Baylón, como por formar parte de una serie tan icónica.

Del mismo modo, expresamos nuestro sincero agradecimiento a Rosa Comas, Tyra Diez y Mike Steel por su generosidad y cariño al facilitar y acompañar la revisión del archivo de Luis Baylón.

Editorial RM

Editor / Director creativo
Ramón Reverté

Coordinación editorial
Olimpia Nofuentes

Diseño gráfico
Lacasta Design

Traducción
del francés al español
textos[hub]

Preimpresión
Les Artisans du Regard

Digitalización
Lucam y Brizzolis,
Madrid

Impreso en julio de 2025
en los talleres de EBS, Verona, Italia

DL: B 12978-2025
ISBN: 978-84-10290-41-9

Distribuido por Editorial RM
RM Verlag, S.L.
Loreto 13-15, local B
08029, Barcelona, Spain

Editorial RM
Mexico City, Mexico
info@editorialrm.com
www. editorialrm.com
@editorial_rm
RM #523

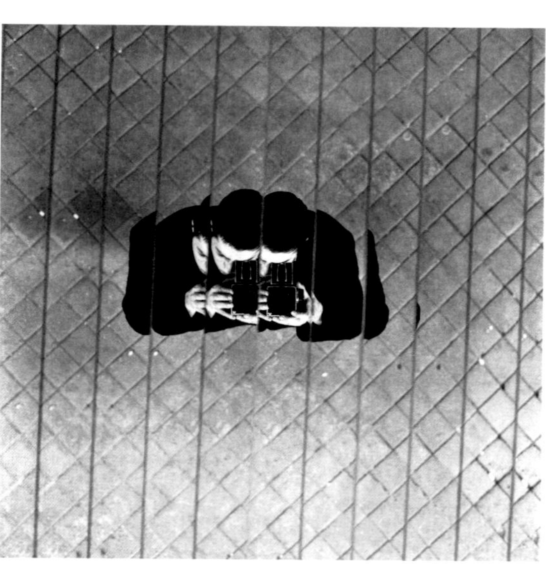